Systemisches Verwaltungsmanagement

Rüdiger Nolte / Annette Wöhner

Systemisches Verwaltungsmanagement

Ganzheitliche und wirkungsorientierte
Steuerung und Führung
in der öffentlichen Verwaltung

PETER LANG
Frankfurt am Main · Berlin · Bern · Bruxelles · New York · Oxford · Wien

Bibliografische Information der Deutschen Nationalbibliothek
Die Deutsche Nationalbibliothek verzeichnet diese Publikation in der Deutschen Nationalbibliografie; detaillierte bibliografische Daten sind im Internet über http://dnb.d-nb.de abrufbar.

Umschlaggestaltung:
© Olaf Gloeckler, Atelier Platen, Friedberg

ISBN 978-3-631-61952-0

www.peterlang.de

Inhaltsverzeichnis

Vorwort

„Probleme kann man niemals mit der gleichen Denkweise lösen, durch die sie entstanden sind."
(A. Einstein)

Als Miguel de Cervantes die Figur des „Don Quijote" schuf, konnte er nicht vorhersehen, welch mühsamen und zum Teil surrealen Kampf die Befürworter und Promotoren einer umfassenden Staats- und Verwaltungsreform in Deutschland ca. 400 Jahre später gegen die „Windmühlen des Bürokratismus" führen würden.

Der politisch gewollte Wandel vom traditionellen Bürokratiemodell zum New Public Management oder Neuen Steuerungsmodell stellt einen Paradigmenwechsel dar, dessen Auswirkungen auf die Organisationseinheiten der öffentlichen Verwaltung und deren Mitglieder offenbar deutlich unterschätzt wurden. Das stark modifizierte Funktions- und Rollenverständnis von Staat und Verwaltung, die eindeutig betriebswirtschaftlich geprägten externen und internen Strukturreformelemente sowie die Managerialisierung und Ökonomisierung der öffentlichen Verwaltung treffen auf eine Verwaltungswirklichkeit, die organisationstheoretisch immer noch nahezu ausschließlich in der Gedankenwelt Webers und Fayols beheimatet ist. Die Sozialisierung und Prägung der öffentlichen Verwaltung erfolgt – mangels eines nachhaltigen und wirksamen Kulturwandels in Richtung „Dienstleistungsorientierung" und „Lernende Organisation" – im Wesentlichen immer noch auf der Basis technokratischer und bürokratischer Leitprinzipien.

Es drängt sich sogar zunehmend der Eindruck auf, dass in einigen Verwaltungen das „Reformrad" – im Widerspruch zu den eindeutigen politischen Vorgaben – langsam und beharrlich wieder zurückgedreht wird. Es ist daher nicht verwunderlich, dass weite Teile des einstmals so hoffnungsvoll und engagiert begonnenen Vorhabens „Staats- und Verwaltungsmodernisierung" mittlerweile selbst zu einem Problem des bundesdeutschen Bürokratismus geworden sind. Die für die dauerhafte Funktionsfähigkeit, gesellschaftliche Akzeptanz und Finanzierbarkeit der öffentlichen Verwaltung dringend notwendigen, grundlegenden Veränderungs- und Transformationsmaßnahmen werden in immer stärkerem Maße mit den Mitteln und Instrumenten der traditionellen Bürokratie nahezu wirkungsneutral „verwaltet“ und nicht im Sinne der politisch gewollten Leistungs- und Dienstleistungsorientierung der Verwaltung aktiv vorangetrieben. Mangels einer konsequenten Wettbewerbs- und Marktorientierung, mangels geeigneter Belohnungs- und Sanktionsmechanismen und mangels eines ganzheitlichen, systemischen Management- und Reformverständnisses bleiben die Erfolge der neuen Verwaltungssteuerung weit hinter den politischen, gesellschaftlichen und wirtschaftlichen Zielen und Erwartungen und ebenso weit hinter den tatsächlichen Möglichkeiten, die eine derartige Reform bietet, zurück.

Man hat es zwar – unter Berücksichtigung der institutionellen Erwartungen – geschafft, den „Wagen“ öffentliche Verwaltung „neu anzustreichen, tiefer zu legen und in der Spur zu verbreitern“, man hat aber leider vergessen, einen zugkräftigen „Modernisierungsmotor“ einzubauen und auch sonst einige wesentliche Bauteile – eindeutig systemwidrig – vollständig oder teilweise weggelassen. Die Beibehaltung und Beachtung des ursprünglich systemischen und ganzheitlichen Wirkungsgefüges sämtlicher Modernisierungselemente ist jedoch Voraussetzung für einen nachhaltigen und tatsächlich wirksamen Reformerfolg.

Hinzu kommt, dass man grundlegende, interdisziplinäre wissenschaftliche Erkenntnisse und Ansätze der maßgeblichen Organisations- und Managementtheorien lange Zeit schlichtweg ignoriert hat, die für eine effektive und effiziente Steuerung und Führung komplexer sozialer Systeme – insbesondere in Zeiten radikaler Veränderungen – von grundlegender Bedeutung sind. Stattdessen versucht man unter Beibehaltung und Duldung der eingeübten bürokratischen Routinen, Strukturen, Verhaltens- und Denkmuster eine stark technokratisch geprägte Verwaltungslandschaft, die sich zudem schon immer als wettbewerbsfreier Raum verstanden hat, in ein System effizienter, effektiver und konkurrenzfähiger „Verwaltungsdienstleister“ und in eine „Lernende, sich selbst optimierende Organisation“ zu transformieren.

Trotz der bislang insgesamt suboptimalen Reformerfolge sollten sich weder die politisch Verantwortlichen noch die von der Sinnhaftigkeit und Notwendigkeit der Verwaltungsmodernisierung überzeugten und engagierten „Reformaktivisten“ vom – offensichtlich unterschätzten – Beharrungsvermögen bürokratischer Strukturen und technomorpher Systeme sowie von deren erstaunlicher Lern- und Entwicklungsresistenz abhalten lassen, den einmal eingeschlagenen und längst überfälligen Reformprozess konsequent fortzusetzen.

Dazu bedarf es allerdings einer kritischen Evaluierung und Bewertung des bisherigen Reformverlaufs mit deutlichen Kurskorrekturen, einer Verzahnung und Vervollständigung der bereits implementierten Instrumente des Neuen Steuerungsmodells, der Schaffung geeigneter Kontextfaktoren, Entscheidungsprämissen und Anreizsysteme sowie eines ganzheitlichen und systemischen Management- und Organisationsverständnisses.

Die gesamte Verwaltungsreform kann nur dann erfolgreich verlaufen, wenn die Organisationseinheiten der öffentlichen Verwaltung und deren Mitglieder organisationales Lernen und permanente Anpassung an sich verändernde Umweltbedingungen als eigene, integrale Systemaufgabe verstehen und von der Sinnhaftigkeit und der Notwendigkeit der Ziele und Inhalte der Verwaltungsreform überzeugt sind. Da der interne Veränderungsdruck immer noch deutlich zu gering ist, um den Reformprozess zügig anzutreiben, muss eben der externe Veränderungsdruck weiter erhöht werden. Das System öffentliche Verwaltung und dessen Mitglieder müssen lernen, dass vermeidbare Reformblockaden angemessen sanktioniert und echte Reformerfolge definitv belohnt werden. Ohne geeignete Kontextfaktoren und konsequente, leistungsbezogene Anreizsysteme sowie ohne einen ganzheitlichen und systemischen Managementansatz, der auf die Besonderheiten der öffentlichen Verwaltung zugeschnitten ist, werden auch zukünftig keine nachhaltigen und grundlegenden Modernisierungs- und Entbürokratisierungserfolge zu verbuchen sein.

Wenn wir – als Autoren, Führungsverantwortliche und langjährige aktive Wegbegleiter der Verwaltungsmodernisierung – mit unseren praktischen Erfahrungen und unseren „schriftstellerischen Ausführungen" nur einen bescheidenen Beitrag zum Gelingen der – auch aus unserer Sicht – dringend notwendigen Reformen, zum besseren Verständnis der Reforminhalte und vielleicht sogar zur „Erzeugung von Sinn" beitragen könnten, hätten sich die Anstrengungen im Kampf gegen die „Windmühlen des Bürokratismus" im Ergebnis doch noch gelohnt.

Münster, im September 2011

Rüdiger Nolte / Annette Wöhner

1. New Public Management und Neues Steuerungsmodell

1.1 New Public Management und Neues Steuerungsmodell als Basis einer umfassenden Verwaltungsreform

Im Zuge der globalen Reform- und Modernisierungsbewegung des New Public Management (NPM) wurde auch in Deutschland – unter den Schlagworten „Neues Steuerungsmodell“ (NSM), „Neue Verwaltungssteuerung“ (NVS) oder „Wirkungsorientierte Verwaltungsführung“ (WoV) – ein Prozess des radikalen Wandels und tief greifender Veränderungen eingeleitet, der die Organisationseinheiten der öffentlichen Verwaltung und deren Mitglieder vor völlig neue „Herausforderungen“ stellte.

Nahezu sämtliche Reformvorhaben des öffentlichen Sektors auf internationaler und nationaler Ebene verfügen über eine ähnliche Grundstruktur und Zielstellung, über ein vergleichbares theoretisches Konstrukt und basieren auf denselben Grundannahmen. Das Modell des New Public Management, das mittlerweile als international anerkannter „Standard“ oder „Paradigma“ für eine umfassende Staats- und Verwaltungsmodernisierung interpretiert werden kann – ohne jedoch den Anspruch eines Einheitskonzeptes im Sinne eines „one size fits all“ erheben zu können (vgl. Dincher et al., 2010, 165) – verzahnt inhaltlich durchaus heterogene Themenfelder wie Privatisierung, Dienstleistungsorientierung, Implementierung betriebswirtschaftlicher Instrumente und Methoden, Marktöffnung und Wettbewerb, Entbürokratisierung, Informations- und Wissensmanagement sowie organisationales Lernen.

Seinem grundsätzlichen Anspruch nach zielt das NPM-Konzept, das keinen dogmatisch abgeschlossenen Maßnahmenkatalog beinhaltet und kein instrumentell völlig einheitliches Modell darstellt, darauf ab, das öffentliche Verwaltungshandeln unter ein neues Leitbild zu stellen (vgl. Schröter & Wollmann, 2000, 71; vgl. Dincher et al., 2010, 145). Im Vordergrund dieses Leitbildes steht eine besonders effiziente und effektive Aufgabenwahrnehmung. Die Erreichung dieses Ziels setzt die Transformation einer stark bürokratisch geprägten Verwaltungslandschaft in ein System moderner, wirtschaftlich handelnder und kundenorientierter „Dienstleister“ voraus. Dabei werden hohe Anforderungen an die Eigenverantwortung aller Beteiligten gestellt und gleichermaßen hohe Erwartungen in die Steuerungskompetenz des Marktes und wettbewerblicher Strukturen gesetzt. Die zentrale Bedeutung des öffentlichen Sektors für moderne Gesellschaften wird auch im Rahmen des NPM grundsätzlich nicht in Abrede gestellt (vgl. Schröter & Wollmann, 2000, 71).

Ein wesentliches Ziel der NPM orientierten Staats- und Verwaltungsreform ist – im Sinne einer weitestgehenden „Entstaatlichung“ – die Rückführung und Begrenzung des öffentlichen Aufgabenspektrums auf solche Aufgaben, die unter Berücksichtigung qualitativer, rechtsstaatlicher und wirtschaftlicher Aspekte nicht auch von nicht-öffentlichen Trägern ebenso erledigt werden können. Die konsequente Anwendung dieses Grundgedankens hätte auch in Deutschland zu einer – politisch so offensichtlich nicht gewollten – Welle materieller Privatisierungen und Teilprivatisierungen führen können. Die deutsche Interpretation des NPM-Gedankens steht einer weitgehenden „Vermarktung“ des Verwaltungshandelns nicht zuletzt aus rechts- und sozialstaatlichen Gründen durchaus kritisch gegenüber und versteht das Instrument der materiellen – „echten“ – Privatisierung quasi als „ultima ratio“ der Entbürokratisierung. Folgerichtig präfereriert Deutschland eher mildere Reforminstrumente wie die formelle – „unechte“ – Privatisierung oder Formen des verwaltungsinternen Outsourcings. Diese „weiche“ Reformstrategie führte unter anderem in der öffentlichen Verwaltung zur Bildung so genannter zentraler Dienstleistungszentren oder Shared Service Center. Bei den Shared Service Centern handelt es sich um eine Organisationsform, die durch Zusammenfassung und Zentralisierung von Sekundär-, Support- oder Serviceprozessen entsteht (vgl. Dincher et al. 2010, 123). Ziel ist es, die Geschäftsprozesse, die nicht dem Kernbereich öffentlicher Aufgabenerledigung angehören, zu optimieren, wirtschaftlicher zu gestalten und so eine bessere Kundenorientierung und Dienstleistungsqualität zu erreichen (vgl. ebenso Dincher et al. 2010, 123). Die „Reformhypothese“, dass auch öffentliche Dienstleister bestimmte Aufgaben – insbesondere aus dem Bereich der Unterstützungs- und Querschnittssaufgaben wie Organisation, Personalverwaltung, Haushalt, IT, Liegenschaftsverwaltung, Reisekosten, Beihilfe und Beschaffung – bündeln und unter Berücksichtigung eben genannter Aspekte ebenso wirtschaftlich und wirksam erledigen können wie nicht-öffentliche Träger, muss erst noch im Laufe des weiteren Reformprozesses – insbesondere im Hinblick auf die maßgeblichen Zielkriterien Effektivität und Effizienz – bewiesen werden. Spürbare Reformerfolge hat es insbesondere in den Servicebereichen gegeben, deren operatives Geschäft hauptsächlich aus standardisierbaren Routineaufgaben besteht. So konnten zum Beispiel in der Reisekosten- und Beihilfebearbeitung die durchschnittlichen Bearbeitungszeiten erheblich reduziert, die Stückkosten der Bearbeitung gesenkt und die Dienstleistungsqualität insgesamt spürbar verbessert werden. Ungleich problematischer stellt sich der Aufbau wettbewerbsfähiger interner Dienstleister in den komplexeren und weniger routinebehafteten Bereichen wie zum Beispiel im Immobilien- und Facility-Management, in der Informations- und Kommunikationstechnik sowie im Beschaffungswesen dar. Insgesamt sind die bestehenden Rahmenfaktoren und Restriktionen, insbesondere personalwirtschaftlicher und organisatorischer Art, verbunden mit einer Vielzahl bürokratischer und rechtlicher Hemmnisse sowie einer fortgesetzten „übergeordneten" Detailsteuerung, die mit zahlreichen Eingriffen ins operative Geschäft verbunden ist, zum gegenwärtigen Zeitpunkt noch nicht geeignet, die Wettbewerbsfähigkeit und Kundenorientierung der Dienstleistungsmonopolisten in dem politisch und strategisch angestrebten Maße zu fördern.

Ein weiteres Ziel des NPM ist – neben der „Auslagerung", Rückführung und Begrenzung staatlicher Aufgaben – die Implementierung privatwirtschaftlicher Managementmethoden sowie eine Stärkung und Betonung der Eigen- und Ergebnisverantwortung der Führungskräfte in der öffentlichen Verwaltung. Die Steuerung des Verwaltungshandelns soll auf definierte Ergebnisse (Output) ausgerichtet und die Zielerreichung sowie der Nutzen (Outcome) des Verwaltungshandelns mittels geeigneter Indikatoren und Kennzahlen gemessen und überprüft werden.

Des Weiteren soll die monolithische Verwaltungsorganisation soweit wie möglich aufgelöst und durch dezentrale Strukturen ersetzt werden. Die Steuerung der einzelnen Einheiten soll vorrangig durch Kontrakte und Ziele erfolgen. Zudem soll der Wettbewerbsgedanke im öffentlichen Sektor als entscheidende Triebfeder für Qualität und Wirtschaftlichkeit gefördert werden (vgl. Schröter & Wollmann, 2000, 75).

Auch der Koalitionsvertrag „Wachstum. Bildung. Zusammenhalt" vom 26. Oktober 2009 sowie das aktuelle Regierungsprogramm „Vernetzte und transparente Verwaltung" (2010) fordern als politische Modernisierungs- und Reformziele ausdrücklich „eine konsequente Nutzung aller Effizienzpotentiale in der Bundesverwaltung" (Koalitionsvertrag, 20; Regierungsprogramm,11 ff.).

Danach muss die öffentliche Verwaltung mitarbeiterorientiert die Stärken traditionellen Verwaltungshandelns – Rechtmäßigkeit, Neutralität und Gemeinwohlorientierung – mit den gestiegenen Anforderungen an Effizienz, Transparenz, Bürgernähe und Servicequalität in Einklang bringen (Koalitionsvertrag, 110 ff.; Regierungsprogramm, 12 ff.). Das aktuelle Regierungsprogramm knüpft somit konsequent an das Regierungsprogramm der letzten Legislaturperiode „Zukunftsorientierte Verwaltung durch Innovation" (2006) einschließlich des Programms E – Government 2.0 (2006) sowie an die vorangegangenen Leitbilder und Programme „Schlanker Staat" (1996), „Aktivierender Staat" (1998), „Moderner Staat-Moderne Verwaltung" (1999), „Bund Online 2005" (2000) und „Bürokratieabbau und bessere Rechtsetzung (2006) an. Im Mittelpunkt der Reform- und Modernisierungsstrategie stehen nach wie vor Steuerungsmaßnahmen zum Bürokratieabbau, zur Optimierung der Organisation und des Personalmanagements, zur Steigerung der Leistungsfähigkeit der Verwaltung sowie zur kontinuierlichen Modernisierung der Informations- und Kommunikationstechnologie (vgl. Regierungsprogramm, 11 ff.).

1.2 Bewertung des bisherigen Reformprozesses der öffentlichen Verwaltung

Die Idee von einer modernen, leistungsfähigen und wirtschaftlich handelnden öffentlichen Verwaltung ist nicht wirklich neu. Bereits vor mehr als 100 Jahren griff in den Vereinigten Staaten von Amerika im Zusammenhang mit der öffentlichen Diskussion der Arbeiten F. Taylors das so genannte „Effizienzfieber" um sich. Im Sog des Scientific Managements gründeten Kirchen Komitees für kirchliche Effektivität, die Pfadfinder richteten Effektivitätskurse ein und den amerikanischen Hausfrauen wurde „beigebracht", den Haushalt effizient zu führen (vgl. dazu ausführlich Kieser, 2006, 113 unter Hinweis auf Krell). Die flächendeckenden und allumfassenden Effektivitätsbetrachtungen machten selbstverständlich auch vor Universitäten, Schulen und der öffentlichen Verwaltung nicht halt (vgl. Kieser, 2006, 113 ff.). Nahezu ein Jahrhundert später beschäftigt sich die öffentliche Verwaltung immer noch mit diversen Modernisierungs- und Reformstrategien, die eine nachhaltige Effizienz- und Effektivitätssteigerung zum Ziel haben.

Betrachtet man nun den Verlauf und die Ergebnisse des gegenwärtigen Transformations- und Changeprozesses – ohne die bereits erzielten Reformerfolge und durchaus erkennbaren, punktuellen Modernisierungsfortschritte des gesamten öffentlichen Sektors in Deutschland in Frage zu stellen – so fällt auf, dass viele höchst engagiert und motiviert in Angriff genommene Reformvorhaben zwar faktisch zur Implementierung unterschiedlichster Elemente des Neuen Steuerungsmodells geführt haben, die einzelnen Steuerungselemente jedoch kaum in ihrem ursprünglichen systemischen Wirkungszusammenhang genutzt werden. Selbst im kommunalen Bereich, dem im Rahmen der bundesdeutschen Verwaltungsmodernisierung eine Vorreiterrolle zukommt, werden allenfalls Teilbereiche des NSM umgesetzt (vgl. dazu ausführlich Dincher et al., 2010, 161 ff.). In den Bundesverwaltungen, die ohnehin als Nachzügler der Verwaltungsmodernisierung gelten (Dincher et al., 2010, 163 unter Hinweis auf Jann et al.), sind noch weniger systematische Umsetzungserfolge zu verzeichnen (vgl. Dincher et al., 2010, 162). Zum Teil wurden sogar bereits implementierte neue Steuerungsinstrumente wieder zurückgebaut und auf altbewährte bürokratische Handlungsroutinen und Methoden zentralistischer Regelsteuerung zurückgegriffen (vgl. ebenso Dincher et al., 2010, 163).

Eine vergleichbare Einschätzung der insgesamt noch „suboptimalen" Wirkung und Nachhaltigkeit der neuen Verwaltungssteuerung kommt selbst im aktuellen Regierungsprogramm zumindest zwischen den Zeilen zum Ausdruck. Dies gilt insbesondere für die noch ausbleibenden nachhaltigen Erfolge in der Umsetzung von Steuerung und Controlling in der öffentlichen Verwaltung, in der Optimierung der Organisationsstrukturen und Prozesse im Rahmen der Verwaltungsmodernisierung und in einer Beschleunigung des gesamten Bürokratieabbaus.

Die im Regierungsprogramm bezeichneten Modernisierungsschwerpunkte und Schwerpunktvorhaben betreffen jedoch nur einen Teil der sehr viel komplexeren Gesamtproblematik. Die eigentlichen Ursachen für die nur begrenzte Wirkung der eingeleiteten Reformmaßnahmen liegen in dem immer noch fehlenden ganzheitlichen Verständnis des neuen Führungs- und Steuerungssystems sowie in einer Unterschätzung des Wirkungszusammenhangs und der bestehenden Interdependenzen der einzelnen Systemelemente.

Die systemische Anwendung und ganzheitliche Sichtweise des NSM ist jedoch Voraussetzung dafür, dass sich die mit der Reform intendierten Wirkungen überhaupt vollständig entfalten können. Insoweit erscheint es durchaus fragwürdig, die isolierten Elemente des Neuen Steuerungsmodells einem immer ausdifferenzierteren „Feintuning" zu unterziehen, solange das Grundproblem der fehlenden Verzahnung und Integration der Elemente in das Gesamtsystem nicht adäquat gelöst ist.

Hinsichtlich der bereits implementierten Steuerungselemente verfestigt sich zudem im Verlauf des Reformprozesses der Eindruck, dass Teile der öffentlichen Verwaltung mittlerweile damit begonnen haben, die extern induzierten und daher oftmals „ungeliebten" Entbürokratisierungsmaßnahmen mit den Mitteln der traditionellen Bürokratie zu „verwalten", anstatt den notwendigen Transformationsprozess konsequent und mit einer angemessenen Dynamik voranzutreiben. Es besteht durchaus die Gefahr, dass Elemente des „Projektes" Staats- und Verwaltungsmodernisierung langfristig selbst zu einem Bestandteil des deutschen Bürokratieproblems werden könnten, wenn der angestrebte radikale Kulturwandel nicht innerhalb eines angemessenen Zeitraums gelingt. Indikatoren, die eindeutig auf eine Fehlentwicklung der Reformumsetzung und auf Mängel in der Transformation hinweisen, sind eine unnötig hohe Komplexität, eine viel zu geringe Systemkompatibilität und eine nur bedingte Praxistauglichkeit der adaptierten betriebswirtschaftlichen Methoden und Instrumente. Völlig überdimensionierte und technokratisch anmutende Ansätze des Qualitätsmanagements und des betrieblichen Rechnungswesens sowie überfrachtete und kaum handhabbare Managementinformationssysteme binden in erheblichem Maße wertvolle Personalressourcen, ohne dass dem Input bislang ein angemessener praktischer Nutzen der Maßnahmen gegenüberstehen würde. Der Reformansatz geht insbesondere in den Fällen der überdimensionierten Qualitätsmanagementsysteme deutlich am eigentlichen Ziel der Verwaltungsreform und -modernisierung vorbei. Auslöser der Verwaltungsreformen war nicht primär die inhaltlich-fachliche Qualität öffentlicher Leistungen, die auch niemals als entscheidende Schwachstelle öffentlicher Leistungserbringung identifiziert wurde, sondern Reformauslöser waren insbesondere – vor dem Hintergrund leerer öffentlicher Kassen und wachsender Bürgerunzufriedenheit – die mangelnde Effizienz und Effektivität der Leistungserbringung.

Die gegenwärtigen Reformbemühungen leiden darüber hinaus an einer systemwidrigen funktionalen Differenzierung und isolierten Anwendung der einzelnen Steuerungs- und Führungsinstrumente sowie einer strukturellen Verankerung verschiedenster Verantwortlichkeiten und Zuständigkeiten innerhalb der behördlichen Organisationsstruktur. Für die Vielzahl von neuen Aufgaben, die im Zusammenhang mit der Bedienung der verschiedenen Managementinstrumente stehen, tritt anstelle einer Verschlankung oftmals eine spürbare Verstärkung des Personalkörpers. Im Rahmen des Reformprozesses werden die neuen Elemente der Verwaltungsmodernisierung in Form von „reformfreudigen" und „weniger reformfreudigen" Beschäftigten in Organisationseinheiten der Linienstruktur, Beauftragtenfunktionen und Stabsstellen personalkörperstark aufgebaut und als nicht weiter störend und bisweilen leider nahezu wirkungsneutral in das alte, sich selbst erhaltende bürokratische System eingebaut. Es ist Dincher zuzustimmen, dass das NSM ohnehin nur dann dauerhaft funktioniert, wenn die „richtigen" Mitarbeiter, die in der neuen Steuerungslogik denken und mit den neuen Steuerungsinstrumenten auch professionell umgehen können, an der „richtigen" Stelle agieren (vgl. Dincher et al., 2010, 159). Gefragt sind eigenverantwortlich handelnde, in Ziel- und Ergebniskategorien denkende sowie stark leistungsmotivierte und „wettbewerbsorientierte" Mitarbeiter (vgl. Dincher et al., 2010, 159). Gefragt ist zudem ein dem NSM angemessener Handlungsrahmen mit entsprechenden Handlungsspielräumen und Entscheidungsprämissen im Sinne einer systemischen Kontextsteuerung.

Auch die dringend notwendige Einführung geeigneter, realer Wettbewerbsmechanismen und wettbewerbsähnlicher Elemente, die integraler Bestandteil des New Public Management sind, ist in Deutschland allenfalls ansatzweise erfolgt. Eine durchschlagende Wirkung dieser Reformelemente und der damit eng verbundenen Methoden des Benchmarkings und der Best Practices steht ebenfalls noch aus. Aus diesem Grunde fehlt dem gesamten Transformations- und

Changeprozess immer noch ein wirksamer und nachhaltiger „innerer Antrieb". Gerade für Monopolorganisationen wie die öffentliche Verwaltung ist die Einführung von Leistungs- und Wettbewerbsprinzipien wichtig, weil sie das gesamte System ungleich robuster und stabiler im Umgang mit notwendigen Veränderungs- und Entwicklungsprozessen machen (vgl. Schäfer, 2005, 117). Nicht die Vermeidung von Wettbewerb und Konkurrenz sondern die Gewöhnung daran und die aktive Auseinandersetzung mit den Chancen und Risiken von Wettbewerb und Wandel stärken das System und dessen Führung (vgl. in diesem Sinne auch Schäfer, 2005, 117 ff.).

Wie alle Monopolorganisationen zeigt auch der öffentliche Dienst infolge fehlender echter Konkurrenz – zumindest in Teilbereichen – eine „degenerierte" Kultur der Macht (vgl. Schäfer, 2005, 76). „Degenerierte" Machtstrukturen entstehen, wenn die stattfindenden Machtprozesse nicht mehr zur Durchsetzung von Arbeitsaufgaben oder zur Verbesserung von Verwaltungsdienstleistungen eingesetzt werden, sondern zum Selbstwert geworden sind. Aufgrund der fehlenden Wettbewerbssituation finden und erfinden Monopolstrukturen regelmäßig Feindbilder und Kontrahenten innerhalb des eigenen Systems (vgl. dazu ausführlich Schäfer, 2005, 76 ff.). Innerhalb der Organisationsstrukturen der öffentlichen Verwaltung werden interne Machtrituale etabliert, die sich im Laufe der Zeit immer mehr von den Aufgaben und Problemen der Gesamtorganisation lösen und ein Eigenleben entwickeln, dessen Sinn und Zweck für Außenstehende kaum noch nachvollziehbar ist. Diese internen Machtkämpfe binden die ohnehin schon infolge der linearen Einsparquoten der letzten Jahre spürbar knapper gewordenen Ressourcen der Organisationen regelmäßig an falschen, weil völlig unproduktiven Stellen und führen vielfach zu organisatorischen Pattsituationen, die die notwendigen Entwicklungen und Veränderungen dauerhaft blockieren oder zumindest zeitlich unnötig verzögern (vgl. in diesem Sinne auch Schäfer, 2005, 76 ff.). Eine besondere Form der Blockade notwendiger Restrukturierungsmaßnahmen entsteht in vielen Organisationseinheiten der öffentlichen Verwaltung im ritualisierten Zusammenspiel zwischen dem Management und den unterschiedlichen Interessenvertretungen sowie zwischen dem Management und den verschiedenen Beauftragten und Inhabern von Sonderfunktionen. Die oftmals einfach so hingenommene Neutralisierung legitimer Leitungsmacht, die gerade der Durchsetzung nötiger, aber nicht immer populärer Reformmaßnahmen – auch gegen den Widerstand der Betroffenen – dient, führt grundlegende politische Reformintentionen in der alltäglichen Leitungspraxis insbesondere das Leistungsprinzip und den Wettbewerbsgedanken vielfach – auch aus der Sicht der Mehrheit der leistungswilligen Organisationsmitglieder – ad absurdum.

Ein weiterer Grund, weshalb die eingeleiteten staatlichen Reformmaßnahmen auch nach mehreren Jahrzehnten immer noch nicht die gewünschte und durchaus mögliche Wirkung zeigen, dürfte auch auf das in der öffentlichen Verwaltung vorherrschende „Organisations- und Menschenbild“ vieler Organisationsmitglieder zurückzuführen sein.

In überraschendem Kontrast zur unvermeidbaren, alltäglichen Konfrontation mit Organisationen steht, dass die überwiegende Mehrheit der Organisationsmitglieder einschließlich vieler Führungskräfte ohnehin nur sehr wenig über die Logik ihres Funktionierens weiß (vgl. Simon, 2009, 7). Aus diesem Grund werden häufig Erfahrungen mit anderen sozialen Systemen – zum Teil in unzulässiger Art und Weise – verallgemeinert und auf die eigene Organisation übertragen. Für das einzelne, operativ tätige Systemmitglied mag eine solche individualorientierte Perspektive auf die Funktionsweise einer bürokratisch geprägten Organisation ausreichen, um seine persönliche Arbeitsleistung erbringen zu können, diese Herangehensweise reicht aber sicher nicht aus, um als Führungskraft Verantwortung für eine Organisation oder Organisationseinheit zu übernehmen (vgl. ebenso Simon, 2009, 8). Wer als Führungskraft nachhaltig verantwortlich handeln will, muss sich an der spezifischen Funktionsweise der ihm anvertrauten Organisationseinheit orientieren. Die Differenzierung zwischen den unterschiedlichen Organisationsstrukturen und den organisationalen Basiskomponenten ist von grundlegender Bedeutung. „Maschinenbürokratien“, „Spezialistenbürokratien“ und innovationsgetriebene Organisationstypen können im Rahmen der Verwaltungsreform auch im Hinblick auf die Aspekte Steuerung und Führung nicht stereotyp behandelt werden. Das Management braucht eine Theorie der Organisation, um die Sinnhaftigkeit seines eigenen Tuns im Kontext der Organisation und ihrer Umwelten überprüfen zu können (vgl. Simon, 2009, 8 ff.).

In diesem Zusammenhang deutet das konkrete Verhalten vieler Führungskräfte im Umgang mit den Elementen des Neuen Steuerungsmodells und im Umgang mit der „Ressource“ Mensch – als Folge der „traditionellen“ Verwaltungssozialisierung – auf ein immer noch eher linear-kausales Ursache-Wirkungs-Verständnis hin. Die öffentlichen Verwaltungen werden auf Grund eines vorherrschenden bürokratisch-mechanistischen Organisationsverständnisses sowie eines „maschinellen“ Menschenbildes als triviale, berechenbare und quasi „entpersonalisierte“ Gebilde wahrgenommen, nicht aber als höchst komplexe, von lebenden Menschen geschaffene und erhaltene soziale Systeme. (vgl. Nolte, 2008, 99). Auch aus diesem Grunde wurden im Verlauf des bisherigen Reformprozesses immer wieder durchaus vermeidbare Widerstände produziert, notwendige Restrukturierungsvorhaben blockiert und Risiken und Chancen in Changeprojekten zum Teil völlig falsch eingeschätzt.

1.3 Die Verwaltungsreform als „Selbstzweck“ bürokratischer Betätigung

Ein sehr ernst zu nehmender und in der operativen Verwaltungspraxis ausgesprochen häufig geäußerter Kritikpunkt vieler Organisationsmitglieder besteht darin, dass die Reformmaßnahmen und die Steuerungselemente schon lange nicht mehr als „Mittel zur Erfüllung des ursprünglichen Reformzwecks“ genutzt werden, sondern zu einer Art „Selbstzweck“ bürokratischer Betätigung geworden sind. Auch Dincher stellt zutreffend fest, dass die öffentlichen Verwaltungen sich in der jüngeren Vergangenheit immer stärker auf ihre bürokratischen Wurzeln zurückbesinnen, anstatt im Sinne der Reform manageriale Verwaltungsstrukturen umzusetzen (vgl. Dincher et al., 2010, 163).

Es geht in der Wahrnehmung vieler Beschäftigter nicht mehr vorrangig darum, den primären Organisationszweck – den gesetzlichen oder behördlichen Auftrag – mit Hilfe des neuen Verwaltungsmanagements in fachlicher und wirtschaftlicher Hinsicht möglichst optimal zu erfüllen und kontinuierlich zu verbessern, sondern darum, den politisch gewollten Reformprozess zu einer Art „primary task“ der Behörde zu machen. Daraus resultiert bei den überwiegend operativ tätigen Organisationsmitgliedern der Eindruck, sie würden im Rahmen – der ursprünglich von ihnen selbst eingeforderten – erweiterten Delegation und Partizipation instrumentalisiert, und die rein fachliche Aufgabenerfüllung genieße eine immer geringere Wertschätzung und Bedeutung. Sollte sich dieser Eindruck verfestigen, wird sich dies auf den weiteren Reformprozess akzeptanzmindernd und letztlich kontraproduktiv auswirken. Eine erfolgreiche Staats- und Verwaltungsreform ist ohne einen entsprechend großen und hierarchieübergreifenden Rückhalt gar nicht denkbar. Dies gilt insbesondere für die „Verwaltungsbasis“ des mittleren und gehobenen Dienstes, die infolge des direkten Adressaten- oder Kundenkontakts das Erscheinungsbild und das Ansehen des öffentlichen Dienstes in der gesamten Bevölkerung maßgeblich prägt und letztlich den gesetzeskonformen, rechtsstaatlichen Aufgabenvollzug sicherstellt. Häufig bewirkt erst ein entsprechend hoher Veränderungsdruck, der sowohl von der politischen Ebene, als auch von der obersten Leitungsebene der Behörde sowie von der Arbeitsebene ausgeübt wird, eine reformadäquate Reaktion der mittleren Managementebenen. Diese weisen in zahlreichen Organisationseinheiten der öffentlichen Verwaltung ein enorm hohes Beharrungsvermögen auf, da jede prozessuale oder strukturelle Verschlankung als Folge der Entbürokratisierung insbesondere die Daseinsberechtigung der Zwischenebenen und damit auch deren eigene Machtposition berührt. Schliesky und Schulz (2010, 27) benennen als Innovationshindernisse des insgesamt oftmals „veränderungsresistenten“

Monolithen öffentliche Verwaltung insbesondere die „Fachbruderschaften", die regelmäßig kein Interesse an der Änderung „ihrer" Gesetze und „ihrer" Zuständigkeiten haben. Personal, Budget und Zuständigkeiten werden immer noch als moderne Insignien administrativer Macht angesehen. Viele Führungskräfte der öffentlichen Verwaltung befürchten daher bei Reformvorhaben einen entsprechenden Einflussverlust im inneradministrativen Machtgefüge, wodurch eine fast reflexhafte Ablehnung von Reformvorhaben entsteht (Schliesky & Schulz, 2010, 27). Insoweit erscheint für einen Teil der Führungskräfte die Bewahrung des Status quo, insbesondere die Bewahrung der vorhandenen bürokratischen Strukturen und Funktionen, aus persönlicher Sicht sinnvoller und nützlicher zu sein, als die Entwicklung eines zeitgemäßen Verständnisses von Verwaltungsmanagement und ein wirkliches Einstehen für die Reformziele. Weltz (1996, 88) bezeichnet einen derartigen, von systemimmanenten Innovationshemmnissen, institutionellen Lernschwächen und einer machtbasierten Wissensneutralisierung begleiteten betrieblichen Assimilierungsprozess als „systemkompatiblen" Wandel. Diese Art der Anpassung ist reaktiv, durch externe Aktionsbedingungen erzwungen, defensiv und strukturminimalistisch. Veränderungen erfolgen so, dass bestehende Macht- und Einflussstrukturen möglichst weitgehend erhalten bleiben (vgl. Weltz, 1996, 88).

Der effektive Umgang mit derartig komplexen Problemstellungen im Rahmen umfassender Transformationsprozesse und die effektive Anwendung der Instrumente und Methoden des New Public Management setzen auch in den öffentlichen Verwaltungen eine Neubewertung der eigenen Rolle als Führungskraft, ein ganzheitliches, vernetztes Denken sowie ein systemisches Management- und Organisationsverständnis voraus. Gezielte Personalmaßnahmen können den stockenden Reformprozess im Einzelfall erheblich beschleunigen. Daneben müssen endlich zeitgemäße und vor allen Dingen wirksame Sanktions- und Belohnungsmechanismen sowie wirksame Wettbewerbsinstrumente den Reform- und Modernisierungsprozess aktivierend begleiten und zielgerichtet vorantreiben.

1.4 Der Reformprozess der öffentlichen Verwaltung im Kontext institutionalisierter Umwelten

Ein derartiger Verlauf des gesamten Modernisierungs- und Reformprozesses wäre zumindest in der Entwicklungstendenz vorhersehbar gewesen, hätte man sich rechtzeitig mit den Erkenntnissen der entsprechenden organisationswissenschaftlichen Ansätze und Theorien auseinandergesetzt.

L.G. Zucker hat bereits Ende der 80er Jahre – und damit zu einem noch sehr frühen Stadium der bundesdeutschen Staats- und Verwaltungsreform – auf die kritischen Folgen für Organisationen hingewiesen, die primär mit institutionalisierten Regeln und Erwartungen übereinstimmen müssen.

Organisationen können grundsätzlich von technischen und institutionellen Umwelten beeinflusst werden. In den so genannten technischen Umwelten werden die Leistungen durch den Markt bewertet und Organisationen erlangen durch eine effiziente Steuerung ihrer Arbeits- und Tauschprozesse einen Wettbewerbsvorteil (Walgenbach, 2006, 360). In so genannten institutionellen Umwelten müssen Organisationen primär Konformität mit institutionalistischen Regeln zeigen, um von ihrer Umwelt Legitimität zugesprochen zu bekommen und Unterstützung zu erhalten (Walgenbach, 2006, 360).

Die öffentlichen Verwaltungen sind in hohem Maße institutionellen, insbesondere politischen und normativen Umweltbedingungen ausgesetzt. Die gesamte Verwaltungsreform basiert letztlich auf dem erklärten und manifestierten politischen Willen zur Durchsetzung der Staats- und Verwaltungsmodernisierung einschließlich der zu beachtenden Regeln, Werte und Normen und allenfalls ansatzweise auf einem eigenen Erkenntnisprozess der betroffenen Organisationseinheiten. Der politisch erzeugte und somit externe Veränderungsdruck war – mangels konsequenter Belohnungs-, Sanktions- und Selektionsmechanismen – oftmals nicht hoch genug, um zumindest mittelbar einen angemessenen internen Veränderungsdruck innerhalb der Organisationseinheiten aufzubauen. Zwar erzeugt die Verankerung der Reform in Koalitionsverträgen und Regierungsprogrammen einen nicht zu unterschätzenden formalen Anpassungsdruck auf die Behördenleitungen, zu berücksichtigen ist jedoch auch hier, dass die Politik nach der ihr eigenen Entscheidungslogik oftmals kurzfristige Erfolge zur politischen Profilierung benötigt, die bei fachlich und methodisch fundierten Reformprojekten organisationaler und struktureller Art regelmäßig gerade nicht zu erzielen sind (vgl. Schliesky & Schulz, 2010, 27). Es ist daher nicht verwunderlich, dass der „gefühlte" Erfolg der Behörden – trotz fortschreitender Ökonomisierung – nicht primär auf der Erlangung spezifischer Wettbewerbsvorteile beruht, sondern nach wie vor auf der politisch geforderten Konformität mit institutionalisierten Regeln. Erst diese Form der Anpassung verschafft den öffentlichen Einrichtungen die erforderliche Unterstützung und Akzeptanz. Die öffentlichen Organisationen adaptieren folglich strukturelle Elemente, weil sie extern – insbesondere durch den manifestierten politischen Willen – legitimiert sind, aber weniger wegen deren technischer Effizienz und noch weniger wegen der eigenen Einsicht in die Notwendigkeit der Veränderungen (Walgenbach, 2006, 365). Dieser Effekt wird noch dadurch verstärkt, dass auch externe und nicht interne Bewertungskriterien herangezogen werden, um den Wert struktureller Elemente und

Managementpraktiken zu bestimmen (Walgenbach, 2006, 365). Die derzeitige Zertifizierungs- und Akkreditierungswelle, die gegenwärtig auch über die deutsche Verwaltungslandschaft hinwegschwappt, ist insoweit symptomatisch.

Dies gilt auch für den Rückgriff vieler Behörden auf völlig überdimensionierte Qualitätsmanagementmodelle wie DIN ISO 9000 ff. mit umfangreichsten Dokumentationspflichten und einem immensen Realisations- und Pflegeaufwand. Zur Normenreihe DIN ISO 9000 zählen die folgenden Hauptnormen zur Qualitätswissenschaft: Die ISO 9000 QM-Systeme, Konzepte und Begriffe, die ISO 9001 QM-Systeme, Forderungen, die ISO 9004 QM-Systeme, Leitfaden und die ISO 90011 Leitfaden für Umwelt- und Qualitätssystemaudits (vgl. Unger, 2008, 187). Die Deutsche Industrie-Norm (DIN) entstand bereits im Kriegsjahr 1917, weil die Angebotsvielfalt der deutschen Industrie den damaligen Interessen der Reichsregierung nicht entsprach. „Qualität" im Sinne der Reichsregierung war, was einheitlich hergestellt, geliefert und verbraucht werden konnte. Dies galt insbesondere für Rüstungstechnik und Munition. So ist es nicht verwunderlich, dass in der Kriegswirtschaft das Streben nach Rationalisierung der Produktion, insbesondere der Rüstungsproduktion, immer weiter vorangetrieben wurde und die Standesorganisation der Ingenieure, der Verein Deutscher Ingenieure (VDI), in Deutschland zum wichtigsten Promotor des Taylorismus wurde (vgl. dazu ausführlich Kieser, 2006, 118 ff.). Im Jahr 1918 gründete der VDI einen Ausschuss für wirtschaftliche Fertigung (AWF), der sich zunächst der Normung als einer Quelle der Rationalisierung zuwandte (Kieser, 2006, 119). 1919 setzte der AWF einen Unterausschuss für Zeitstudien ein, dessen Arbeit 1924 an den Reichsausschuss für Arbeitszeitermittlung (REFA) überging. Nach dem zweiten Weltkrieg wurde REFA von Arbeitgeberverbänden und Gewerkschaften neu gegründet, wobei die Methoden Taylors modifiziert, verfeinert und ergänzt, aber nicht durch grundlegend neue zeitgemäßere Ansätze ersetzt wurden (Kieser, 2006, 120).

Die DIN ISO 9000 ff. und deren Beachtung und Umsetzung wurde im Laufe der Zeit – auf Grund des hohen Abstraktionsniveaus vieler Regelungen – immer mehr zu einem bürokratischen Moloch, der selbst immer wieder neue Bürokratie erzeugt. Der Wert der Standardisierung erschöpft sich oftmals in der Selbstreferenz und einer Scheinsicherheit bezüglich der Qualität der Produktionsverfahren, die jedoch im Regelfall nicht die Frage nach dem Nutzen und der Sinnhaftigkeit der Produkte umfasst. Vergleichbares gilt für Qualitätsaudits und Qualitätszertifikate. So stellen Macharzina und Wolf (2008, 783 ff.) völlig zu Recht fest, ob man sich angesichts der eher formalen Anforderungen der DIN ISO 9000 + nicht fragen muss, ob Qualitätsaudits überhaupt in der Lage sind, ein umfassendes Qualitätsmanagement zu attestieren, oder ob hier nicht lediglich die Verfahrens- und Ordnungsmäßigkeit der betrieblichen Arbeitsvollzüge bewertet wird.

Besonders deutlich wird das Problem der zu hohen Abstraktion und der fehlenden Praxistauglichkeit in der berühmten Norm der Nummer 9000, die den Qualitätsbegriff folgendermaßen definiert: „Qualität ist ein Grad, in dem ein Satz inhärenter Merkmale Anforderungen erfüllt" oder – gemäß DIN ISO 8402 – „Qualität ist die Beschaffenheit einer Einheit bezüglich ihrer Eignung, festgelegte und vorausgesetzte Erfordernisse zu erfüllen" (vgl. dazu ausführlich Unger, 2008, 185). Eine derartige Formulierung enthält keinen über den ursprünglichen Wortsinn von „qualitas" (Güte, Wert oder Beschaffenheit) hinausgehenden definitorischen Mehrwert, dennoch wurde die Norm zu einer Art „Institution" des Qualitätsmanagements.

Spätestens seit dem Jahr 2005 ist auch in deutschen Amtsstuben nicht nur Qualitätsmanagement sondern „Total Quality Mangement" angesagt. Kein Bereich ist mehr vor einer „Qualitätsoffensive", vor einer Zertifizierung oder externen Auditierung sicher und damit scheinbar regulierbar und im technokratischen Sinne des Scientific Management auch beherrschbar und steuerbar. Dabei kommt in vielen Fällen „Total Bureaucracy" statt „Total Quality Management" heraus. Potenziert wird die absurde Wirkung vieler technokratischer QM-Ansätze, wenn Behörden freiwillig einen derartigen Weg als qualitätssichernd beschreiten, obwohl gerade die Qualität der fachlichen Aufgabenerfüllung – dies gilt insbesondere für die Rechtmäßigkeit öffentlichen Verwaltungshandelns – niemals wirklich in Frage stand und auch nicht im Zentrum der staatlichen Modernisierungsbestrebungen steht. Eine Konformität mit – missverstandenen oder fehlinterpretierten – institutionalisierten Regeln oder eine Scheinkonformität mit institutionalisierten Regeln kann mit den Instrumenten der Zertifizierung oder Auditierung jedenfalls „nach außen" dokumentiert werden, ohne dass dadurch die Reformwirklichkeit der jeweiligen Organisation tatsächlich hinterfragt oder bewertet wird.

Um einem weiter ausufernden externen „Zertifizierungs- und Auditierungswahn" zu entgehen, ist die aktuelle Entwicklung ausdrücklich zu begrüßen, nach der viele öffentliche Verwaltungen den Reformprozess zunehmend in eigener fachlicher und methodischer Verantwortung und – nach Möglichkeit – mit verwaltungsinternem Know how selbstorganisatorisch gestalten und bewerten. Diese Vorgehensweise ermöglicht organisationale Lern- und Entwicklungsprozesse, die Implementierung eindeutig fremdorganisatorischer Ansätze beeinträchtigt sie.

Hinzu kommt, dass mit der Einbindung externer Berater oftmals faktisch eine reformpolitisch eigentlich gar nicht gewollte Verlagerung der Reformverantwortlichkeit vom Management der öffentlichen Verwaltungen auf die beauftragte Beratungsgesellschaft stattfindet. Nicht der Berater ist für die Umsetzung der politisch definierten Reformziele verantwortlich, sondern die jeweilige Behördenleitung in ihrer Funktion als General Manager einer öffentlichen Dienstleistungsorganisation.

Besonders wichtig für die Sicherung der Legitimität von Organisationen in institutionellen Umwelten ist zudem die Verwendung des „richtigen" Vokabulars. Die Verwendung von Vokabeln einer legitimierten Struktur, die die – politischen – Erwartungen bestätigt, dass die formale Struktur den institutionalisierten Regeln entspricht, führt dazu, dass die Organisation einwandfrei und rational erscheint (Walgenbach, 2006, 377). Dieses Missverständnis der institutionalisierten Regeln muss aufgeklärt werden, um die Reformen in die vom Parlament intendierte Richtung verlaufen zu lassen. Brunsson bezeichnet den Aufbau einer solchen Legitimationsfassade als Organisation der Scheinheiligkeit (vgl. Walgenbach, 2006, 377 unter Hinweis auf Brunsson).

Insbesondere die Propagierung „moderner" Führungs- und Managementkonzepte dient vielfach nur der Erzeugung von Nebelschwaden, hinter denen ihnen widersprechende Praktiken beibehalten werden können (Weltz, 1996, 82 ff.). Da diese Form der institutionalisierten „Scheinheiligkeit" auch entsteht, um den notwendigen Mittel- und Ressourcenzufluss nicht in Frage zu stellen, mag das Verhalten der so agierenden Organisationen aus einer übergeordneten, gesamtwirtschaftlichen Perspektive zwar ineffizient und ineffektiv erscheinen, aus dem Blickwinkel der betroffenen Organisationseinheit ist dieses Verhalten sehr wohl rational und zielführend, da es die wirtschaftliche Existenz und damit das Überleben des Systems auch ohne den Nachweis „echter" Reformerfolge sichert.

In diesem Zusammenhang sind insbesondere im Hinblick auf die Managerialisierung der öffentlichen Verwaltung – auch die Ergebnisse einer Studie von Luthans, Hodgetts und Rosenkranz sehr interessant, die sich mit den verschiedenen Managementtätigkeiten karrieremäßig erfolgreicher Führungskräfte und leistungsmäßig effektiver Führungskräfte befasst hat (vgl. dazu ausführlich Staehle, 1999, 869 ff.). Im Rahmen dieser Studie wurden insgesamt ca. 300 Manager aus unterschiedlichen Organisationen systematisch beobachtet. Die beobachteten Verhaltenweisen wurden zu den Manageraktivitäten „Routinekommunikation", „traditionelle Managementfunktion", „Beziehungspflege" und „Human Resource Management" zusammengefasst. Während der so genannte „durchschnittliche Manager" seine Tätigkeitsschwerpunkte in den Bereichen des traditionellen Managements (Entscheidung, Planung, Kontrolle etc.) und der innerbetrieblichen Routinekommunikation mit jeweils ca. 30 % der Arbeitszeit hatte, setzte der leistungsmäßig effektive Manager seine Arbeitszeit schwerpunktmäßig in den Bereichen der Routinekommunikation (mehr als 40 %) und des Human Resource Managements (ca. 30 %) ein. Der karrieremäßig erfolgreiche Manager verhielt sich in der Schwerpunktbildung nahezu entgegengesetzt zum Aufgabenverständnis des effektiven Managers, indem er ca. 50 % der Arbeitszeit für die Netzwerkbildung und Beziehungspflege einsetzte sowie weitere ca. 30 % für die Routinekommunikation. Für die Wahrnehmung der traditionellen Managementfunktionen und für das Human Resource Management verblieben insgesamt nur noch ca. 20 % der Arbeitszeit.

Der karrieremäßige Erfolg und der Aufstieg in einer Organisation hängen – nach dem Ergebnis der Studie – somit maßgeblich auch von den sozialen und politischen Fähigkeiten der Führungskraft, insbesondere von der Qualität der eingesetzten Mikropolitik sowie von der Macht- und Kommunikationspolitik ab, nicht nur von der Effektivität der erbrachten Managementleistung. In diesem Kontext ist zu berücksichtigen, dass moderne, postbürokratische Organisationen im Gegensatz zu den streng hierarchisch-bürokratischen Organisationen herkömmlicher Prägung deutlich veränderte Machtverhältnisse aufweisen (vgl. dazu ausführlich Mayer, 2003, 26 ff.). In traditionellen bürokratischen Organisationen hatte das Management durch die starke Formalisierung und durch die klar definierten und eindeutig strukturierten Subordinationsverhältnisse ein erhebliches Maß an formaler Macht. Mit der Formalmacht und der ausgeprägten Hierarchie eng verbunden war zudem eine enorme Entlastungsfunktion der einzelnen Ebenen der Organisation sowie ein „verordnetes" und nicht mehr hinterfragtes organisationales Machtgefüge (vgl. Mayer, 2003, 26). Moderne Organisationen haben infolge flacherer Hierarchien, erweiterter Delegation, dezentraler, selbstorganisatorischer Strukturen und einer Stärkung der Eigenverantwortung ein viel komplexeres Machtgefüge und weisen eine andere Verteilung von Macht innerhalb des Systems auf. Für den Manager wird unter diesen Bedingungen die Größe und Verknüpfung seines Netzwerkes wichtiger als der formale Rang in einer Hierarchie (vgl. Mayer, 2003, 27). Die Wirkung, die über offizielle und inoffizielle Netzwerke erzielt werden kann, kann im Rahmen der Steuerung und Führung oftmals wesentlich effektiver und erfolgreicher sein, als die Wirkung, die ausschließlich von den traditionellen Formalstrukturen ausgeht (vgl. dazu Mayer, 2003, 27). Dies gilt insbesondere, wenn die noch bestehenden bürokratischen Strukturen und Machtinstrumente im Rahmen eines umfassenden Modernisierungs- und Entbürokratisierungsprozesses ohnehin auf dem politischen Prüfstand stehen. Überträgt man diese Erkenntnisse – mit der gebotenen Vorsicht – auf das Management in öffentlichen Verwaltungen und berücksichtigt die Tatsache, dass mit der Adaption privatwirtschaftlicher Instrumente und Methoden im Rahmen der entsprechenden Sozialisierung auch in zunehmendem Maße typische Karriere- und Verhaltensmuster der Privatwirtschaft übernommen werden, so verwundert es nicht, dass es oftmals zur Aufrechterhaltung der Legitimationsfassade bei einer eher plakativen und symbolischen Beschäftigung mit den Instrumenten und Methoden des Neuen Steuerungsmodells bleibt. Da der öffentliche Sektor den Einflüssen institutioneller Umwelten in besonderem Maße ausgesetzt ist, ist die

Teilnahme an einer Vielzahl von Reformprojekten, Arbeitskreisen und Modernisierungszirkeln bisweilen eher der „political correctness“, den konkreten Erwartungen der institutionellen Umwelten oder dem „aktuellen Zeitgeist“ geschuldet und nicht unbedingt Ausdruck einer tatsächlich veränderten Verwaltungs- und Führungskultur.

Vor dem Hintergrund dieser Studie kommt einer professionellen Gewinnung, Entwicklung und Förderung „modernisierungstauglicher“, reformfähiger und reformwilliger Führungskräfte – insbesondere im Hinblick auf die tatsächliche Erreichung der politisch angestrebten Modernisierungsziele – eine noch größere Bedeutung zu.

2. Die Ziele, Grundannahmen und Kernelemente des Neuen Steuerungsmodells

2.1 Die Ziele und Grundannahmen des Neuen Steuerungsmodells

Vorrangiges Ziel der staatlichen Reformbestrebungen im Sinne des NSM ist die Schaffung einer modernen, stark leistungs- und dienstleistungsorientierten öffentlichen Verwaltung, die ihre Aufgaben wirtschaftlich, adressatenorientiert und weiterhin auf einem hohen Qualitätsniveau erfüllt. Zu den besonderen „Herausforderungen" der Verwaltungsreform zählt seit vielen Jahren der effiziente und effektive Umgang mit den privatwirtschaftlich erprobten Managementinstrumenten und -methoden.

Um die Neue Verwaltungssteuerung und deren Wirkungsweise zu verstehen, ist es sinnvoll, sich ausführlich mit den Grundannahmen des NSM auseinanderzusetzen. Das NSM geht davon aus, dass das Kernproblem des öffentlichen Sektors die mangelnde Wirtschaftlichkeit staatlichen Handelns darstellt. Die Funktionsfähigkeit des Staates im Hinblick auf Demokratie, Rechtsstaatlichkeit und Sozialstaatlichkeit wird kaum oder gar nicht in Frage gestellt. Das Problem begrenzter staatlicher „Handlungsfähigkeit" wird vorrangig auf Effizienz- und Effektivitätskriterien reduziert (vgl. Dincher et al., 2010, 147). Damit wird der ursprünglich sehr viel umfassendere Ansatz einer grundlegenden Staats- und Verwaltungsreform auf das Element einer eher strukturellen Binnenreform verkürzt.

Eine weitere grundlegende Annahme des NSM ist die gesellschaftliche Notwendigkeit von Staat und öffentlicher Verwaltung. Es geht im Kontext der Staats- und Verwaltungsreform nicht um eine andere, völlig neue öffentliche Organisation, um eine alternative staatliche oder gesellschaftliche „Ordnung", sondern um eine maßvolle, wenn auch deutlich spürbare Modifizierung und „Verschlankung" des bestehenden Systems. In Anlehnung an Dincher zielt das NPM nicht darauf ab, den Staat „abzuschaffen" oder ihn durch eine radikale „Vollprivatisierung" zurückzudrängen, es geht vielmehr darum, den Staat durch neue Kompetenzen und schlankere Strukturen in seinen unverzichtbaren Funktionen für die Gesellschaft zu stärken (vgl. Dincher et al., 2010, 147).

Des Weiteren geht das NSM davon aus, dass privatwirtschaftliche Mechanismen, Instrumente und Methoden so auf den öffentlichen Sektor übertragen werden können, dass sie dort eine wettbewerbsähnliche, leistungsfördernde, rationale Wirkung entfalten. Mit der Dynamik des Wettbewerbs eng verknüpft, im Sinne eines rationalen, insbesondere ökonomisch sinnvollen Verhaltens, ist die Annahme einer lernenden, sich selbst entwickelnden und permanent optimierenden Organisation. Diese wiederum ist verbunden mit der Annahme eines entsprechenden Menschenbildes und einem entsprechenden Organisationsverständnis (vgl. dazu ausführlich Dincher et al., 2010, 147).

Diese beiden letztgenannten Grundannahmen des NSM stellen quasi dessen theoretische „Sollbruchstelle" dar. Das Menschenbild eines lernfähigen und lernwilligen, primär intrinsisch motivierten und in hohem Maße veränderungs- und leistungsbereiten Individuums, das sich mit voller Hingabe den Herausforderungen des modernen Wettbewerbs stellt, verbunden mit der Leitidee einer öffentlichen Verwaltung, die sich im Wege eines radikalen Transformationsprozesses eigenverantwortlich und selbstorganisiert in eine Lernende Organisation verwandelt, lässt eine gewisse Nähe zur stark stabilitäts- und sicherheitsorientierten Verwaltungswirklichkeit und zu den tatsächlichen Verhältnissen in bürokratisch-technomorphen Strukturen vermissen. Dennoch liegt gerade in der Konstruktion geeigneter und angemessener individueller und organisationaler Lern- und Entwicklungsprozesse der Schlüssel zur erfolgreichen und nachhaltigen Umsetzung der Reformziele.

2.2 Die Kernelemente des Neuen Steuerungsmodells

Das NSM besteht in seinem Kern aus einer unternehmensähnlichen, dezentralen Führungs- und Organisationsstruktur, aus einer so genannten Outputsteuerung und der Aktivierung der neuen Struktur durch Wettbewerb und Kundenorientierung (Jann, 2001, 85 m.w.Nw.). Diese drei Basiselemente sind eng miteinander verbunden und werden durch eine größere Anzahl weiterer Steuerungselemente ergänzt (Jann, 2001, 85).

Die Elemente der neuen Verwaltungssteuerung – insbesondere das Kontraktmanagement, die Steuerung über strategische und operative Ziele, die Budgetierung, die Zusammenführung von Fach-, Prozess-, Ressourcen- und Ergebnisverantwortung, der Aufbau eines Informations- und Wissensmanagements, der Ausbau des E-Governments, die Einführung eines Ideen- und Beschwerdemanagements, eine stärkere Prozessorientierung und Standardisierung, eine striktere Output- und Outcomeorientierung, die Schaffung wettbewerbsähnlicher Bedingungen, Benchmarking und Benchlearning sowie die Einführung umfassender Controlling- und wirksamer Qualitätsmanagementsysteme – wirken sich nicht nur massiv auf die Art und Weise der fachlichen Aufgabenerledigung und deren Steuerung aus, der Paradigmenwechsel erfordert auch eine entsprechende Qualifizierung und Entwicklung der Organisationsmitglieder in Bezug auf die erforderlichen fachübergreifenden methodischen, systemischen, sozialen und personalen Kompetenzen im Sinne einer umfassenden Handlungskompetenz.

Im Zusammenhang mit der Ökonomisierung und Managerialisierung der öffentlichen Verwaltung ist zu berücksichtigen, dass Gegenstand der Reformmaßnahmen Organisationsgebilde sind, deren Grundstrukturen und Organisationsprinzipien mehr als ein Jahrhundert Zeitgeschichte nahezu unverändert überdauert haben. Diese traditionellen bürokratischen Strukturen sind insbesondere durch fachliches Expertentum, durch eine eher formale Ordnung, durch genau definierte, einheitliche Leitungs-, Kommunikations- und Informationswege, durch klare, funktionale Zuständigkeiten und Verantwortlichkeiten sowie durch verfestigte Routinen und eingeübte, ritualisierte Handlungs- und Verhaltensmuster gekennzeichnet.

Auch an dieser Stelle wird die inhaltliche Nähe des Bürokratiemodells zum Administrationsansatz Fayols deutlich. Zu den wichtigsten Prinzipien Fayols zählen eine weitestgehende Arbeitsteilung, ein hohes Maß an Zentralisation, die klare Zuweisung von Autorität und Verantwortung, die Einheit der Auftragserteilung, ein hohes Maß an Disziplin sowie die Unterordnung individueller unter allgemeine Interessen (vgl. dazu ausführlich Macharzina & Wolf, 2008, 46).

Die Transformation einer im Übermaß bürokratisch geprägten, auf Normenvollzug ausgerichteten und entsprechend sozialisierten Verwaltungslandschaft in ein System wirtschaftlich, flexibel, leistungs- und kundenorientiert handelnder Dienstleister stellt daher einen Paradigmenwechsel dar, der in hohem Maße mit der Initiierung und Steuerung äußerst komplexer und langwieriger organisationaler und individueller Lern- und Entwicklungsprozesse verbunden ist.

3. Das Neue Steuerungsmodell als integraler Bestandteil eines systemischen Verwaltungsmanagements

3.1 Definition der Begriffe System, systemisches Verwaltungsmanagement, Steuerung und Führung

Da die Begriffe System, Management, Steuerung und Führung äußerst vielschichtig sind und in Theorie und Praxis keineswegs einheitlich verwendet werden, ist zur Klärung der Begriffsinhalte zunächst eine praktikable und für diesen Kontext geeignete Definition vorzunehmen. Begriffe werden individuell mit unterschiedlichen Bedeutungen belegt (Wilms, 2001, 58). Sie sind Hilfsmittel des Denkens und ordnen den verwendeten Worten bestimmte Inhalte zu, insofern bedeuten die Grenzen unserer Sprache die Grenzen unserer Welt (vgl. Wilms, 2001, 58 m.w.Nw.). Die Definition grundlegender Begriffe im Sinne eines einheitlichen und verbindlichen Verständnisses stellt auch im Rahmen des aktuellen Reformprozesses eine Notwendigkeit dar. Zielgerichtete und wirksame Kommunikation setzt immer eine angemessene Verständigung über Bedeutungsinhalte voraus. Eine gemeinsam geteilte begriffliche Basis fehlt jedoch in weiten Bereichen des gesamten Modernisierungsprozesses. Auch aus diesem Grunde entsteht bei vielen Organisationsmitgliedern der Eindruck der Beliebigkeit und Konturlosigkeit sowie einer gewissen Inhaltsleere der Reformterminologie. Zudem führen ständige kognitive Dissonanzen zu durchaus vermeidbaren, nachhaltigen Irritationen der Kommunikationspartner im gesamten Reformprozess.

3.1.1 Der Systembegriff

Dreh- und Angelpunkt eines ganzheitlichen und integrativen Management- und Führungsansatzes ist der Systembegriff. Im Zentrum der Betrachtung stehen das zu „steuernde" System und die zu „führenden" Systemmitglieder.

Im Rahmen einer sehr weiten Auslegung des Führungsbegriffs kann Führung – im Sinne von Unternehmens-, Betriebs- oder Verwaltungsführung (Management) – als zielgerichtete Gestaltung, Steuerung und Entwicklung von sozialen Systemen (Organisationen) im Hinblick auf die sach- und personenbezogene Dimension definiert werden (vgl. Rahn, 2002, 23 ff.). Der Begriff der Organisation entspricht in wesentlichen Merkmalen dem Begriff des sozialen Systems (vgl. Simon, 2009, 166 ff.).

Der Systembegriff hat in den vergangenen Jahren zunehmend den Charakter eines „Modewortes“ angenommen. Was heute oftmals „schlagwortartig“ als Systemtheorie bezeichnet wird, geht auf höchst unterschiedliche theoretische Ansätze und wissenschaftliche Disziplinen zurück und ist kaum allgemeingültig zu definieren. Frühe Konzepte einer modernen Systemtheorie wurden bereits in den 40er Jahren mit dem Anspruch entwickelt, ein universell gültiges Erklärungsmodell zu entwickeln, das eine Grundlage für unterschiedlichste wissenschaftliche Richtungen von den Naturwissenschaften bis zu den Sozialwissenschaften liefern sollte. Die wissenschaftlichen Wurzeln der modernen Systemtheorie liegen unter anderem in der Biologie, in der Medizin, in der Physik und Mathematik, in der Kybernetik, in der Kommunikationspsychologie, in der Soziologie und in der Philosophie. Die Systemtheorie stellt als universelles Erklärungs- und Erkenntnismodell eine Art der Metatheorie dar, deren Anspruch darin besteht, verschiedene wissenschaftliche Disziplinen zu integrieren und gleichzeitig im Sinne eines ganzheitlichen und systemischen Denkens zu beeinflussen. Auf einer sehr allgemeinen Ebene ist mit dem Begriff des systemischen Denkens eine Erweiterung des linear-kausalen Weltbildes um die Merkmale Multikausalität, Relationalität und Nicht-Trivialität verbunden.

Der Begriff System steht, seiner wörtlichen, altgriechischen Bedeutung entsprechend, für eine aus verschiedenen Bestandteilen zusammengesetzte Einheit. Damit stellt sich die Frage, welches die Elemente sind, aus denen die organisatorische Einheit zusammengesetzt ist oder sein könnte, und wer oder was sie als Einheit zusammensetzt und vom Rest der Welt abgrenzt (vgl. Simon, 2009, 16). Diese Frage kann höchst unterschiedlich beantwortet werden. In Anlehnung an C. Barnard bestehen soziale Systeme oder Organisationen aus bewusst koordinierten Verhaltensweisen oder Kräften von zwei oder mehr Personen. Nach N. Luhmann stellt nicht das Verhalten oder die Handlung im Sinne Barnards sondern die „Kommunikation“ die kleinste Einheit und damit das Basiselement aller sozialen Systeme dar (vgl. dazu ausführlich Simon, 2009, 16 ff. unter Hinweis auf Barnard und Luhmann). Während die Handlung auch einem einzelnen Akteur zugerechnet werden kann, ist dies bei der Kommunikation schon begrifflich nicht mehr möglich, denn sie koppelt – mindestens – zwei oder mehr Akteure oder deren Akte miteinander (vgl. Simon, 2009, 19). Ob der Mensch als soziales Wesen in seiner physischen und psychischen Gesamtheit Teil oder Element des sozialen Systems ist, oder ob die Organisation als soziales System von den konkreten Menschen weitestgehend abstrahiert werden kann – der Mensch wäre dann Teil der Systemumwelt und nicht Bestandteil des organisationalen Systems – ist umstritten. Die Beantwortung dieser Frage kann an dieser Stelle jedoch offen bleiben, da jedenfalls menschliches Verhalten, die menschliche Interaktion und die Kommunikation systemkonstituierende Elemente darstellen.

Ein System ist somit eine geordnete Gesamtheit von Elementen zwischen denen Beziehungen (Relationen) bestehen oder hergestellt werden können oder eine Gesamtheit von sich wechselseitig beeinflussenden Komponenten, die eine Innen/Außen-Differenzierung zwischen sich und dem Umfeld aufweisen (vgl. Wilms, 2001, 70 m.w.Nw.).

Ein System ist begrenzt und abgrenzbar und ermöglicht so eine System-Umwelt-Differenzierung. Sofern ein Austausch zwischen dem System und der Systemumwelt stattfindet, handelt es sich begrifflich um ein offenes System, ansonsten um ein geschlossenes System. Die Systemelemente wirken innerhalb der Systemgrenzen so zusammen, dass ein zweck- und zielgerichtetes Verhalten in einem funktionellen Sinne ermöglicht wird. Da die Systemtheorie als interdisziplinäre Erkenntnisquelle in verschiedenen wissenschaftlichen Disziplinen entwickelt und angewendet wird, bedarf auch der Systembegriff jeweils einer konkret kontextbezogenen Definition. Im Rahmen eines systemorientierten Managementansatzes stellen die zu „managenden“ Organisationseinheiten der öffentlichen Verwaltung soziale oder sozio-technische Systeme im oben beschriebenen Sinne dar. Die Beschreibung der Organisation als soziales System findet man auch in der von N. Luhmann geprägten Klassifizierung der Systeme. In Anlehnung an Luhmann gliedert sich der Systembegriff in soziale Systeme und sonstige Systemarten. Zu den sonstigen Systemen zählen Maschinen, organische und psychische Systeme. Zu den sozialen Systemen gehören Interaktionen, Organisationen und Gesellschaften (vgl. dazu ausführlich Martens & Ortmann, 2006, 430 ff. unter Hinweis auf Luhmann).

Zur Vereinfachung der Darstellung werden die Begriffe Organisation und soziales System in diesem Kontext synonym verwendet.

3.1.2 Die Begriffe Steuerung, Führung und Management

In einer sehr weiten Definition des Begriffs Führung entsprechen die Begriffe Führung und Management oder Verwaltungsführung und Verwaltungsmanagement einander, da sie sowohl die Sach- als auch die Personaldimension berücksichtigen.

Das Management steuert das gesamte betriebliche Geschehen, ohne selbst unmittelbar an der Ausführung der betrieblichen Aufgaben beteiligt zu sein (vgl. Dincher et al., 2010, 8). Im System der betrieblichen Produktionsfaktoren schafft das Management (dispositiver Faktor) die Voraussetzungen und Rahmenbedingungen zur Erledigung der betrieblichen Aufgaben und zur Erreichung der betrieblichen Ziele. Es trifft die für den gesamten Betrieb verbindlichen Entscheidungen. Die so genannten Elementarfaktoren (ausführende Arbeit, Betriebsmittel und Werkstoffe) repräsentieren demgegenüber das betriebliche Leistungspotenzial, das erst durch zielgerichtete Koordination und Kombination freigesetzt werden muss (vgl. Dincher et al., 2010, 10). Darin liegt eine zentrale Aufgabe des Managements. Die primären Handlungsfelder des Managements umfassen somit die Sach- als auch die Personaldimension.

3.1.3 Die Sach- und Personaldimension von Management

Die Sachdimension von Management beinhaltet die Gesamtheit aller Funktionen, die das Verhalten des Systems determinieren sowie auf ein übergeordnetes Gesamtziel hin ausrichten. Zu den Führungs- oder Managementfunktionen im Sinne eines betrieblichen Führungsprozesses („Managementprozess") zählen insbesondere die Elemente: Zielsetzung, Planung, Entscheidung, Realisation, Organisation, Koordination, Kontrolle und Steuerung. Im Kontext des Neuen Steuerungsmodells ist es durchaus üblich, den Begriff der „Steuerung" in einem sehr weiten Sinne mit dem Begriff der Betriebsführung („Leitung" der betrieblichen Abläufe) gleichzusetzen.

Die Personaldimension von Management („Personalführung" oder „Mitarbeiterführung") bezeichnet demgegenüber die situationsbezogene Beeinflussung von Menschen, die unter Einsatz von Führungsinstrumenten auf einen gemeinsam zu erzielenden Erfolg hin ausgerichtet ist. Personalführung ist somit das direkte, persönliche, ziel- oder zweckorientierte Einwirken auf das Verhalten von Menschen (vgl. Ridder & Schirmer, 2001, 222) oder die zielorientierte Verhaltensbeeinflussung, die nicht identisch mit Unternehmens- oder Verwaltungsführung in einem umfassenderen Sinne ist. Der Personalführung kommen somit insbesondere zwei Funktionen zu: Die Lokomotionsfunktion (Zielerreichungsfunktion) und die Kohäsionsfunktion (Gruppenerhaltungsfunktion). Die Lokomotionsfunktion umfasst alle Aufgaben, die dazu dienen, die Geführten auf die von der Organisation verfolgten Ziele hin auszurichten, während die Kohäsionsfunktion die Förderung und Festigung notwendiger gruppeninterner Beziehungen und die Bindung an den Betrieb in den Vordergrund stellen (vgl. dazu ausführlich Dincher et al., 2010, 125).

Führung als persönliche Einflussnahme auf Geführte wird im Diskussionszusammenhang des Public Management als dessen prospektive Teilfunktion konzipiert (Ridder & Schirmer, 2001, 222) und ist ein sozialer Einflussprozess zur

Aufrechterhaltung oder Verbesserung von Systemleistungen (vgl. Ridder & Schirmer, 2001, 222 unter Hinweis auf Steinmann/Schreyögg).

Es ist von ausschlaggebender Bedeutung für den Organisationserfolg, dass die Sach- und Personaldimensionen von Verwaltungsmanagement im Sinne eines systemischen, ganzheitlichen Verständnisses eng miteinander verknüpft sind. Beide Dimensionen des Managements bedingen und beeinflussen sich wechselseitig. Daher können die Themenfelder Steuerung im Sinne von Betriebsleitung und Führung im Sinne von Personalführung auch nicht isoliert betrachtet und entwickelt werden. Führung und Steuerung erfolgen immer in einem konkreten organisationalen Kontext. Die interne und externe Situation der Organisation beeinflusst und prägt die Arbeitssituation des Geführten und den Handlungsspielraum des Führenden. Der Geführte wiederum verfügt – ebenso wie die Führungskraft, die sich unter Beachtung der Kontextfaktoren indirekter oder direkter Führungsmethoden bedient – über spezifische Einstellungen, Erwartungen und Fähigkeiten. Das Zusammenwirken von Organisation, Führungskraft und Geführten wiederum bestimmt den Führungserfolg, der sich in der Arbeitsleistung und der Arbeitszufriedenheit widerspiegelt. Nachdem insbesondere der Aspekt der Personalführung über lange Zeit im öffentlichen Sektor in seiner Bedeutung eher verkannt und durch einen Rückgriff auf bürokratische Gestaltungselemente weitestgehend ersetzt wurde, ist gegenwärtig eine Überbetonung des Personalführungsaspektes – insbesondere im Hinblick auf die „Gewährleistung" einer möglichst hohen Mitarbeiterzufriedenheit – zu verzeichnen. Auch Führungskräfte handeln immer in einem organisationalen und einem institutionellen Kontext. Personalführung kann immer nur so effektiv sein, wie die organisatorischen und institutionellen Rahmenbedingungen und die sonstigen Restriktionen dies zulassen.

Viele Personalführungsprobleme entstehen erst aufgrund suboptimaler organisatorischer Kontextfaktoren. Personalführung ist jedoch kein Instrument, das vorrangig der Beseitigung oder Milderung pathologischer Organisationszustände oder der Schaffung einer möglichst hohen individuellen Zufriedenheit der Mitarbeiterinnen und Mitarbeiter dient. Führung ist ein wesentliches Mittel zur Erreichung der betrieblichen Ziele und zur Optimierung der gesamten Organisationsleistung. Das verbindende Element von Führung und Steuerung ist das Merkmal der Zielbezogenheit in Bezug auf den primären Organisations- oder Systemzweck.

3.1.4 Der Begriff des systemischen Verwaltungsmanagements

Der Begriff systemisches Verwaltungsmanagement beinhaltet in einem ganzheitlichen und integrativen Sinne sowohl den Aspekt der Personal- oder Mitarbeiterführung – personale Dimension – als auch die sachliche Dimension, also den Aspekt der Steuerung im weiteren Sinne oder Betriebsleitung. Systemisches Verwaltungsmanagement bezieht sich nicht nur auf die Organisation, auf deren Strukturen und Prozesse, auf die Organisationsmitglieder und deren Handeln, auf Entscheidungen und Kommunikation, sondern auch auf die maßgeblichen Kontextfaktoren und die Organisationsumwelten. Systemisches Denken – als Grundlage eines systemorientierten Managements – ist ein Denken in Zusammenhängen, ein Denken in Zirkularität und Widersprüchen (vgl. Mayer, 2003, 10). Aus der Erkenntnis, dass alles miteinander in Beziehung steht und dass das Ganze mehr ist, als die Summe der Teile, ergibt sich, dass sich Ursache-Wirkungsbeziehungen nur in seltenen Fällen eindeutig isolieren lassen, und dass die Steuerung und Optimierung bestimmter Systemteile nicht automatisch zu einer Steigerung und Optimierung der gesamten Systemleistung führen muss (vgl. Mayer, 2003, 10). Mit dem Abschied von der Idee der Macht im Sinne einer gradlinigen Ursache-Wirkungs-Beziehung ist auch die Vorstellung ad absurdum geführt worden, man könne Organisationen wie triviale Maschinen steuern (vgl. dazu ausführlich Simon, 2009, 108 ff. unter Hinweis auf v. Foerster). Personen, die Leitungsfunktionen in Organisationen haben, stehen daher vor der paradoxen Situation, dass sie für etwas die Verantwortung zugeschrieben bekommen, was sie in sozialen Systemen im Sinne geradliniger, linearer Kausalität gar nicht verantworten und bewirken können (vgl. Simon, 2009, 108). Die Erkenntnis, dass eine „Steuerung" des gesamten sozialen Systems im mechanistischen Sinne nicht möglich ist, schließt selbstverständlich nicht aus, dass Führungskräfte zum Beispiel im Wege einer wirksamen Kontextsteuerung und einer zielgerichteten Gestaltung der Kommunikations- und Entscheidungsabläufe einen erheblichen Einfluss auf das Schicksal der Organisation, auf ihre Strukturen und Prozesse und auf künftige Entwicklungen haben (vgl. in diesem Sinne auch Simon 2009, 108). Schließlich werden Führungskräfte als Personen organisationstheoretisch nicht ohne Grund als Entscheidungsprämissen konstruiert (Simon, 2009, 108). Zu den wichtigsten Entscheidungsprämissen in Organisationen zählen Programme, Kommunikationswege und Personen (Simon, 2009, 70). Organisatorische Programme können durch die Führungskräfte entweder als „Konditionalprogramme" („Wenn-dann"-Schema oder Bedingungen und Konsequenzen) oder als „Zweckprogramme" („Ziel-Mittel"-Relation) definiert (vgl. Simon, 2009, 71) und für die Organisationsmitglieder verbindlich gemacht werden.

Wer eine mit formaler Macht versehene Position einnimmt, kann damit rechnen, dass er und seine gestalterischen Interventionen im Fokus der ihm nachgeordneten Personen stehen (vgl. Simon, 2009, 113). Die von ihm angestoßenen Maßnahmen wirken als Variationen der Entscheidungsprämissen für die anderen Organisationsmitglieder. Aus der differenzierten Gestaltung von verbindlichen Entscheidungsprämissen ergibt sich im Rahmen eines ganzheitlichen Managements ein effektiver Steuerungsansatz.

Systemisches Management bietet den Führungskräften – auch dem Management der öffentlichen Verwaltung – eine andere Perspektive auf die Funktionsweise und die „Steuerung" komplexer sozialer Systeme und deren Umweltbeziehungen. Es stellt Definitionen und Erklärungsansätze bereit, die es erleichtern, auch neuartige Phänomene in gegenwärtigen und zukünftigen Organisationen zu erfassen, zu beschreiben und zu verstehen. Systemisches Management berücksichtigt dabei die Grenzen des Machbaren in sozialen Systemen und die Grenzen der Planbarkeit, Berechenbarkeit und Beherrschbarkeit sozialer Prozesse und menschlichen Verhaltens.

Steuerung und Führung stellen im Rahmen eines systemorientierten Managementansatzes nicht mehr vorrangig die Frage nach der zielorientierten Beeinflussbarkeit und linear-kausalen Beherrschbarkeit von Organisationen und Mitarbeitern, sondern die Frage nach der Gestaltung geeigneter Rahmenbedingungen und indirekter Steuerungsansätze im Rahmen einer Kontextsteuerung (vgl. Mayer, 2003, 103 ff.).

Für das Management heißt dies, Rahmenbedingungen so zu gestalten, dass sie den einzelnen Handlungen und Ereignissen Sinn und Bedeutung verleihen (Mayer, 2003, 103). Auch das Management der öffentlichen Verwaltungen muss im Rahmen eines systemischen Managementansatzes die Organisationsmitglieder zu mehr Selbstorganisation und Selbststeuerung anregen. Der Schwerpunkt liegt dabei auf den Begriffen „Eigenverantwortung" und „Selbstkontrolle". Interventionen erfolgen im Rahmen der systemorientierten Kontextsteuerung eher lösungs- als problemorientiert (vgl. in diesem Sinne auch Mayer, 2003, 103). Nicht mehr die Person und deren Verhalten steht in erster Linie im Zentrum der Interventionen, sondern die kommunikationssteuernden Strukturen und die vorhandenen Entscheidungsmuster (vgl. Mayer, 2003, 101).

In den Naturwissenschaften wurde mit dem selbstorganisatorischen Ansatz ein neues Denksystem entwickelt, das nicht nur Wirtschaftswissenschaftler, sondern insbesondere auch Praktiker fasziniert (vgl. Macharzina & Wolf, 2008. 85).

Die Kernaussage der Selbstorganisationslehre besteht darin, dass sich eine konsequente Delegation von Entscheidungsbefugnissen sowie eine Erhöhung der

Eigenverantwortung nachgelagerter Organisationseinheiten auch ökonomisch vorteilhaft auswirken (vgl. Macharzina & Wolf, 2008, 85).

Insoweit bietet der Ansatz der Selbstorganisation eine ausgesprochen interessante Alternative zu den traditionellen Management- und Organisationstheorien, die zudem in immer dynamischeren und komplexeren Umwelten an ihre Erkenntnisgrenzen stoßen. Im Rahmen der Selbstorganisation geht es um die bedeutsame Frage, ob und in welchem Maße Systeme und Teilsysteme extern und zentral gesteuert werden müssen oder ob es nicht wesentlich sinnvoller und zielführender ist, auf die selbstorganisatorischen, in den Systemen und Teilsystemen selbst angelegten regelnden Gestaltungskräfte zu vertrauen (vgl. dazu ausführlich Macharzina & Wolf, 2008, 86 ff. m.w.Nw.). Ein zentrales Element der Selbstorganisation ist neben der starken Ausdifferenzierung der Systeme und der netzartigen, dezentralen Verteilung von Entscheidungskompetenzen die Implementierung einer wirksamen Kontextsteuerung. Im Kern bedeutet eine solche Kontextsteuerung – in Anlehnung an Macharzina und Wolf (2008, 89) – die reflexive dezentrale Beeinflussung der Rahmenbedingungen aller Teilsysteme und selbstreferenzielle Steuerung jedes einzelnen Teilsystems, wobei die Kontextbedingungen aus dem Diskurs der autonomen Teile konstruiert werden. Auch hier wird deutlich, dass Selbstorganisation und systemisches, ganzheitliches Denken ausgesprochen eng miteinander verknüpft sind.

Systemisches Denken basiert auf dem Denken in dynamischen Prozessen, um zielgerichtet Veränderungen bestehender Verhältnisse zu erarbeiten (Wilms, 2001, 55). Sachverhalte werden auf ihre verhaltensbestimmenden Strukturen zurückgeführt, um daraufhin auf relevante Einflussgrößen zielführend einwirken zu können (Wilms, 2001, 55). Das Denken in Systemzusammenhängen geht davon aus, dass jeder Einflussfaktor mit seinen Effekten und mit anderen Faktoren in einem zirkulären Prozess eingebunden ist, wobei jeder Einflussfaktor wechselseitig mit anderen Faktoren in einer relationalen Beziehung steht. Die Gewichte der einzelnen Wechselwirkungen können sich im Gesamtzusammenhang im Zeitablauf verändern (vgl. Wilms, 2001, 56).

Systemisches und ganzheitliches Denken erleichtert den alltäglichen Umgang mit Diskontinuität, Dynamik und Ambiguität, es erkennt und nutzt bestehende Wirkungszusammenhänge und Verknüpfungen und es verbindet traditionelle Führungs- und Steuerungsinstrumente mit modernen Methoden und Instrumenten im Sinne einer möglichst erfolgreichen Aufgabenerfüllung.

Zum Kerngeschäft eines systemischen Managements zählen in Anlehnung an Mayer und Wimmer drei Kernfelder und sechs Grunddimensionen (vgl. Mayer, 2003, 103 ff. unter Hinweis auf Wimmer).

Zu den Kernfeldern zählen die Überlebenssicherung des Systems, die Paradoxie von Stabilität und Veränderung und die Gestaltung wirksamer Entscheidungsprämissen im Rahmen der Kontextsteuerung.

Zu den sechs Grunddimensionen eines modernen Managements zählen die Zukunftssicherung der Organisation, der Aufbau eines funktionierenden Beziehungsnetzes gegenüber den systemrelevanten Umwelten, die Implementierung effektiver und zeitgemäßer Organisationsstrukturen, die Ressourcenbeschaffung und Ressourcenverwendung, das Personalmanagement und der Aufbau und Betrieb eines ganzheitlichen Controllings als Navigationsinstrument im Rahmen der Selbstkontrolle und Selbststeuerung.

Diese Kernfelder und Grunddimensionen, die ursprünglich für das Feld der Unternehmensführung entwickelt wurden, können – unter Berücksichtigung der spezifischen Kontextfaktoren des öffentlichen Sektors – zumindest in ihren Grundgedanken auf das Management öffentlicher Verwaltungen übertragen werden. Dies gilt insbesondere für die Nutzenorientierung (Effektivität des Verwaltungshandelns), für die Wirtschaftlichkeitsorientierung im Rahmen der Leistungserstellung (Effizienz des Verwaltungshandelns), für die Gestaltung wirksamer Rahmenbedingungen und Entscheidungsprämissen im Sinne orientierungsstiftender Leitungsentscheidungen sowie für den Erhalt des notwendigen „Gleichgewichts“ von Stabilität und Veränderung. Der General Manager von Organisationseinheiten der öffentlichen Verwaltung muss dafür Sorge tragen, dass ein gut funktionierendes internes und externes Beziehungsnetzwerk zu den maßgeblichen Stakeholdern aufgebaut und unterhalten wird, eine klare strategische Ausrichtung und Positionierung des gesamten Systems erfolgt, Leitungs- und Kommunikationsstrukturen permanent optimiert werden, die notwendigen Ressourcen beschafft und wirksam eingesetzt werden und dass das Organisations- und das Personalmanagement sowie die Primär- und Sekundärprozesse zweckgerichtet auf einander abgestimmt werden (vgl. dazu ausführlich Mayer, 2003, 103 ff.).

Betrachtet man die Kernfelder und Grunddimensionen eines systemischen Managementansatzes, so wird deutlich, dass eine hohe Passung zwischen den Inhalten und Zielstellungen des New Public Managementansatzes und den Inhalten und Zielstellungen des neuen, systemorientierten Steuerungs- und Führungsansatzes besteht.

3.2 Das Neue Steuerungsmodell im Kontext der Organisationstheorie

Das Neue Steuerungsmodell, dessen Konzept maßgeblich durch die Kommunale Gemeinschaftsstelle für Verwaltungsmanagement (KGSt) begrifflich und inhaltlich geprägt wurde (Jann, 2001, 84), überträgt – entsprechend der Grundkonzeption des Basismodells NPM – betriebswirtschaftlich induzierte Erkenntnisse und Verfahren auf den öffentlichen Sektor und orientiert sich vorrangig an der Public-Choice-Theorie, an der eher organisationsorientierten neueren Institutionenökonomie sowie am so genannten Managerialismus.

Für das Verständnis der „Funktionsweise" öffentlicher Organisationen und deren Anpassungsverhalten an sich wandelnde technische und institutionelle Umwelten in grundlegenden Reform- und Modernisierungsprozessen ist der stark umweltorientierte institutionalistische Ansatz der Organisationstheorie ebenfalls von erheblicher Bedeutung.

3.2.1 Das Neue Steuerungsmodell im Kontext der institutionalistischen Organisationstheorie

Die so genannte institutionalistische Organisationstheorie geht von der Annahme aus, dass Organisationen ihre Strukturen entsprechend den Anforderungen und Erwartungen in ihren institutionellen Umwelten gestalten (Walgenbach, 2006, 353). Die traditionellen Organisationstheorien oder Unternehmensführungstheorien sind von der Grundüberlegung geprägt, dass das Management seinen Entscheidungen klare Effektivitäts- und Effizienzkalküle zu grunde legt (Macharzina & Wolf, 2008, 89). Es wird angenommen, dass die Manager insofern zu rationalem Handeln fähig sind, als sie kontextspezifisch jene Gestaltungsalternativen auswählen, die den größtmöglichen Erfolg – in einem ökonomisch-rationalen Sinne – versprechen (Macharzina & Wolf, 2008, 90). Demgegenüber vertritt der institutionalistische Ansatz die Auffassung, die Manager bevorzugten jene Gestaltungsmöglichkeiten, die die größte Chance hätten, von der sozialen – und nicht vorrangig von der ökonomischen Umwelt – akzeptiert und toleriert zu werden. Danach geht es primär um das Erreichen einer möglichst hohen sozialen Legitimation der Organisation. Organisationen, die in gleichen sozialen Umwelten agieren werden sich im Zeitablauf insbesondere in strategischer, struktureller und kultureller Hinsicht immer ähnlicher (vgl. dazu ausführlich Macharzina & Wolf, 2008, 90). In den Umwelten, in denen sich als Folge einer weitestgehenden Wettbewerbsfreiheit kein kompetitiver Isomorphismus ausbilden kann, kommt dem institutionellen, politisch erzwungenen Isomorphismus eine noch größere Bedeutung zu. Insbesondere in der sozial- und rechtsstaatlich geprägten Umwelt der primär gemeinwohlorientiert handelnden Organisationseinheiten der öffentlichen Verwaltung ist die soziale und politische Akzeptanz und Legitimation – mangels eines realen Wettbewerbs – von existenzieller Bedeutung insbesondere im Hinblick auf den notwendigen Ressourcenzufluss.

Ausfluss dieser besonderen Konstellation ist im öffentlichen Sektor ein eher normativer Isomorphismus im Sinne von politisch gewollten strukturellen Ähnlichkeiten. Diese Ähnlichkeiten betreffen sowohl die Struktur- und Prozessorganisation der Behörden, als auch zum Beispiel die vorgeschriebenen Führungsprinzipien, Regelführungsstile, Wertesysteme und Leitbilder sowie eine Vielzahl sonstiger „standardisierter" oder „normierter" Reformelemente. Als Folge eines institutionellen Isomorphismus wird die formale Organisationsstruktur in der öffentlichen Verwaltung weniger als technisch-rationales Instrument verstanden, sondern primär als Mittel zur Verschaffung organisationaler Legitimität. Dies gilt auch für die Beschäftigung mit den Elementen des Neuen Steuerungsmodells.

In Anlehnung an Scott (vgl. Walgenbach, 2006, 379, 380 unter Hinweis auf Scott) lassen sich unterschiedliche Arten von Institutionen definieren, deren tragende Elemente die regulative, die normative und die kulturell-kognitive Säule darstellen.

Das Drei-Säulen-Modell nach Scott ermöglicht einen differenzierteren Blick auf die verschiedenen Arten von Institutionen, auf deren Wirkungsweise sowie auf die Art der Legitimität. Mit den Elementen der regulativen Säule werden die das Handeln begrenzenden und die regulierenden Aspekte von Institutionen beschrieben, insbesondere deren Abhängigkeit von Regelsetzung, Beobachtung, Kontrolle und Sanktion oder Belohnung. Die normative Säule umfasst die vorschreibenden, bewertenden und verpflichtenden Dimensionen von Institutionen (vgl. dazu ausführlich Walgenbach, 2006, 380). Organisationen, die den in einer Gesellschaft akzeptierten Normen und Werten entsprechen, oder zumindest einen solchen Eindruck erwecken, gelten als legitim. Die kulturell-kognitive Säule bezieht sich auf jene Elemente von Institutionen, die die Art und Weise der Wahrnehmung der Wirklichkeit in einer Gesellschaft bestimmen und durch die die Wirklichkeit sinnhaft erschlossen wird (Walgenbach, 2006, 381). Maßgeblich sind somit nicht nur die objektiven Bedingungen des Handelns, sondern auch die subjektive Interpretation innerhalb eines bestimmten kulturellen Kontextes.

3.2.2 Das Neue Steuerungsmodell im Kontext der Public-Choice-Theorie

Neben der Förderung von Wettbewerb beinhaltet die Public-Choice-Theorie insbesondere auch die Schaffung besserer Wahlmöglichkeiten für die Nutzer öffentlicher Leistungen, eine deutliche Stärkung der „Kundenmacht“ und eine stärker nutzerbasierte Finanzierung öffentlicher Güter.

Die Public-Choice-Theorie überträgt somit marktwirtschaftliche Mechanismen, Instrumente und Prinzipien auf den öffentlichen Sektor und geht davon aus, dass auch bürokratisch geprägte Organisationen von rational handelnden, nutzenmaximierenden Individuen – im Sinne des Modells eines „homo oeconomicus“ – beeinflusst werden, die ihr Verhalten konsequent an den eigenen Präferenzen und den gegebenen Anreizsystemen ausrichten (vgl. Dincher, 2010, 148). Rationales Handeln in diesem Sinne verbindet eine Reihe von Annahmen mit dem Handeln der Akteure. In Anlehnung an S. Petermann ist rationales Handeln zunächst sinnhaftes Verhalten (vgl. Petermann, 2005, 65). Darüber hinaus ist sich der handelnde Akteur dem Zweck, den Mitteln und den Folgen seiner Handlung bewusst und wägt die Ziele, Mittel und Folgen gegeneinander ab (vgl. Petermann, 2005, 65). Im Kontext des so genannten Rational-Choice-Ansatzes bestehen zudem bestimmte Annahmen über die Regelhaftigkeit des Handelns der Akteure. Als leitende Handlungsregel wird zunächst die Nutzenmaximierung angenommen (vgl. in diesem Sinne auch Petermann, 2005, 65).

Betrachtet man die Annahmen der Public-Choice-Theorie zunächst aus dem Blickwinkel des methodologischen Individualismus so folgt daraus, dass das gesamte Verhalten öffentlicher Organisationen ebenfalls „rational“ (Nutzenmaximierung als Handlungsziel) im Sinne einer „organisationalen Nutzenmaximierung“ sein müsste. Der methodologische Individualismus geht von der Annahme aus, dass soziale Phänomene oder soziale Vorgänge bereits hinreichend durch das Handeln einzelner Personen und deren Interaktionen erklärt und beschrieben werden können. Wie alle individualistischen Sozialtheorien nimmt auch der methodologische Individualismus explizit Bezug auf die Mikroebene, um Systemverhalten auf der Makroebene zu erklären (vgl. Petermann, 2005, 68). Soziale Phänomene, Prozesse oder Ereignisse der Systemebene werden durch Einbeziehung rationalen (nutzenmaximierenden) Handelns von Akteuren auf der unterhalb der Systemebene liegenden Ebene erklärt (vgl. Petermann, 2005, 65). Dem organisationellen wie individuellen Primat der Rationalität im Sinne von „Nutzenmaximierung“ begegnen jedoch grundsätzliche Bedenken. Bereits die Grundannahme eines rational und streng „wirtschaftlich“ handelnden Menschen widerspricht der Erkenntnis einer nur begrenzten Rationalität (bounded rationality) und reduziert zudem die Komplexität und Vielfalt menschlichen Verhaltens außerhalb von „ ökonomischer Rationalität“ und „Nutzenmaximierung“ in unzulässiger Weise. Verhalten, das nicht den Anforderungen rationaler Theoriegebilde entspricht, muss keinesfalls aus Sicht der Akteure zu „irrationalem" Handeln führen. Hinzu kommt, dass die Grundannahme des methodoligischen Individualismus ebenfalls umstritten ist. Der methodologische Kollektivismus setzt – im Gegensatz zum methodologischen Individualismus – auf der „organisationalen Makroebene" an und vertritt die Auffassung, dass das Verhalten sozialer Strukturen auf einer höheren Aggregationsebene nicht ohne weiteres und nicht ausschließlich durch individuelles Verhalten erklärt werden kann. Auf der Makroebene von Systemen existieren ganzheitliche Qualitäten, die nicht oder zumindest nicht vollständig aus dem Verhalten der einzelnen Elemente der Mikroebenen ableitbar sind. Nach dem Erklärungsansatz des methodologischen Kollektivismus ist ein soziales System als „Ganzheit" in seiner Vielfältigkeit, seiner Komplexität und seinem organisationalen „Eigensinn" mehr als die Summe seiner Teile. Da sowohl das individuelle Verhalten interdependent ist und sich gleichzeitig System und Systemelemente in einem permanenten, äußerst komplexen Prozess wechselseitiger Beeinflussung befinden, wird man sozialen Systemen eine eigene Qualität als Gesamtsystem nicht absprechen können.

Für die Annahme einer eigenen „Organisationspersönlichkeit" spricht auch die Tatsache, dass Organisationen als autonome, soziale Überlebenseinheiten strukturell länger leben können als ihre Mitglieder (vgl. dazu ausführlich Simon, 2009, 15). Hinzu kommt, dass die organisatorischen Strukturen und Prozesse, insbesondere die prägnanten Kommunikationsmuster des gesamten Systems, unabhängig vom Bestand und der personalen Identität der konkreten Systemmitglieder fortbestehen.

Im Rahmen der Annahmen der Public-Choice-Theorie ist auch zu berücksichtigen, dass die von der bürokratischen Organisation des öffentlichen Dienstes zur Verfügung gestellten „individuellen" Anreizsysteme – insbesondere die stereotypen Karriere- und Belohnungsmuster des öffentlichen Dienstes – eng mit dem organisatorischen Zuschnitt der übertragenen funktionellen Verantwortungsbereiche und deren personeller Ausstattung verbunden sind und weniger mit der Wirkung und dem öffentlichen Nutzen der jeweiligen Organisationseinheit. Solange die Belohnungs- und Sanktionsmuster des öffentlichen Dienstes nicht an den Erfolg der Organisationseinheiten im Sinne einer möglichst effizienten und effektiven Auftragserfüllung zur Erreichung eines möglichst hohen kollektiven Nutzens – Gemeinwohlmaximierung – geknüpft sind, orientieren sich die handelnden Akteure an den bestehenden Mustern. Aus diesem Grund war das Verwaltungshandeln in der Vergangenheit durch ein eher „additives" Personal- und Ressourcenmanagement gekennzeichnet. Die Erweiterung des eigenen Aufgabenspektrums wurde – im Hinblick auf die organisatorische Wertigkeit des eigenen Funktionsbereichs – stets mit einer Forderung nach mehr Personal verknüpft, anstatt vorhandene Effizienzreserven und Optimierungspotentiale aufzudecken und konsequent zu nutzen. Das wirtschaftlich nicht mehr tragbare und auch über angemessene öffentliche Abgaben nicht mehr finanzierbare „Prinzip der permanenten Budgetmaximierung" soll in seiner Funktion als „Mittel zum Zweck" durch die Ansätze der Public-Choice-Theorie nachhaltig durchbrochen werden. Vor diesem Hintergrund erklärt sich auch die deutliche Forderung nach mehr Wettbewerb, Transparenz, Kundenorientierung und Ergebnis- sowie Wirkungskontrolle. Dadurch soll das individuelle, am eigenen Nutzen orientierte Handeln der Akteure stärker in Richtung des kollektiven Nutzens der Organisation im Sinne einer strikten Gemeinwohlmaximierung beeinflusst werden (vgl. Dincher et al., 2010, 148 ff.). Ein bürokratisch geprägtes und vom ursprünglichen Grundgedanken her wettbewerbsfreies System erkennt jedoch Wettbewerb und Konkurrenz richtigerweise nur dann als systemrelevante Gefahr an und richtet sein Handeln daran aus, wenn die Gefahr aus der Perspektive der Systemmitglieder auch nur ansatzweise real erscheint. Auch zu wenig Transparenz des Verwaltungshandelns und selbst hohe Kundenunzufriedenheit stellen – bis heute – keine reale Gefahr für das bürokratische System der öffentlichen Verwaltung dar, solange an konkrete Fehlleistungen keine systemrelevanten Folgen geknüpft werden. In der Regel hat der Abnehmer öffentlicher Dienstleistungen keine wirklichen Alternativen auf dem privaten Markt, so dass weder Quasi-Wettbewerb noch fehlende „Kundenakzeptanz" als Gefahr und damit als Auslöser für einen Richtungswechsel im Handeln wahrgenommen werden. Anders mag es sich bei der Ergebnis- und Wirkungskontrolle verhalten, die im Rahmen implementierter Controllingsysteme und im Rahmen einer wirksamen Ziel- und Ergebnissteuerung als echte Gefahr wahrgenommen werden könnte, sofern bei Nichterfüllung oder Schlechtleistung systemrelevante Konsequenzen und Sanktionen bezüglich der konkreten Organisationseinheiten folgen würden. Derartige Konsequenzen würden den fehlenden realen Wettbewerb in seiner Wirkung zumindest ansatzweise substituieren können. Die personelle Verantwortung für Wirkung und Erfolg setzt allerdings angemessene Handlungsspielräume der Verantwortungsträger insbesondere bei der Gestaltung der Aufbau- und Ablauforganisation sowie beim Personal- und Ressourcenmanagement im Rahmen eines definierten Budgets voraus.

3.2.3 Das Neue Steuerungsmodell im Kontext der neueren Institutionenökonomie

Im Mittelpunkt der neueren Institutionenökonomie steht die Analyse von Institutionen, in deren Rahmen der ökonomische Austausch vollzogen wird (Ebers & Gotsch, 2006, 247). Das Ziel der Analyse besteht darin, die Struktur, die Verhaltenswirkungen, die Effizienz und den Wandel von ökonomischen Institutionen mittels der vier Komponenten „Institution“, „Austausch“, „Kosten“ und „Effizienz“ zu erklären (Ebers & Gotsch, 2006, 247).

Zentrale Elemente der Institutionenökonomie und des Institutionalismus sind die Begriffe Institutionalisierung und Institution. Mit dem Begriff Institutionalisierung werden sowohl ein Prozess als auch ein Zustand bezeichnet. Institutionalisierung als Prozess bezieht sich auf den Vorgang, durch den sich soziale Beziehungen und Handlungen zu Selbstverständlichkeiten entwickeln, die nicht mehr hinterfragt werden (Walgenbach, 2006, 355). Es handelt sich um Handlungen, durch die soziale Strukturen, Zwänge, Verpflichtungen und Gegebenheiten produziert und reproduziert werden (Walgenbach, 2006, 355). Institutionalisierung als Zustand bezeichnet Situationen, in denen die in einer Gesellschaft bestehenden Vorstellungen bestimmen, was welche Bedeutung besitzt und welche Handlungen möglich sind (vgl. Walgenbach, 2006, 355 unter Hinweis auf Zucker und Di Maggio/Powell). Institutionen haben den Status eines sozialen Faktums und werden als feste Einrichtungen verstanden, die zweckmäßig und sinnvoll sind (Walgenbach, 2006, 355 m.w.Nw.). Die Institutionalisten in der Organisationswissenschaft beschäftigen sich mit den institutionalisierten Elementen der formalen Struktur von Organisationen und Managementpraktiken, die eine bundesweite, nationale oder internationale Verbreitung aufweisen (vgl. dazu ausführlich Walgenbach, 2006, 355 unter Hinweis auf Di Maggio/Powell). Zu den wesentlichen Strömungen der Institutionenökonomie zählen die Theorie der Verfügungsrechte (Property Rights Theorie), die Agenturtheorie (Principal-Agent oder Agency Theorie) sowie die Transaktionskostentheorie (vgl. dazu ausführlich Ebers & Gotsch, 2006, 249). Im Zentrum der Theorie der Verfügungsrechte steht die Institution des Verfügungsrechts (Ebers & Gotsch, 2006, 248).

3.2.3.1 Die Theorie der Verfügungsrechte

Der so genannte Verfügungsrechteansatz analysiert Institutionen unter den Aspekten der Verfügung über und Veränderung von Vermögensgegenständen sowie der Aneignung der durch sie erzeugten Vermögensströme (Macharzina & Wolf, 2008, 55).

Die Theorie der Verfügungsrechte geht davon aus, dass unterschiedliche Akteure knappe Ressourcen zur Zielerreichung – insbesondere zur Maximierung des individuellen Nutzens (vgl. Macharzina & Wolf, 2008, 56) – einsetzen. Die geltenden Verfügungsrechte an bestimmten Ressourcen regeln, wer diese Ressourcen legitimerweise wann und wie nutzen kann (vgl. Ebers & Gotsch, 2006, 248 ff.). Zu den Verfügungsrechten zählen das Recht zum Ressourceneinsatz, das Recht zur Einbehaltung des Ertrages, das Recht zur Einwirkung auf die Ressource im Sinne einer Substanzänderung und das Recht zur Übertragung. Inhalt und Ausmaß der Verfügungsrechte werden durch die im institutionellen Kontext geltenden Werte, Regeln und Normen bestimmt (Ebers & Gotsch, 2006, 249). Insoweit besteht eine ganz enge Verbindung zwischen den Inhalten und Erkenntnissen der Institutionenökonomie und den Inhalten und Erkenntnissen des organisationalen Institutionalismus.

3.2.3.2 Die Agenturtheorie

Im Mittelpunkt der Agenturtheorie steht die Institution des Vertrages (vgl. Ebers & Gotsch, 2006, 258). Die Agenturtheorie beschäftigt sich mit den Austauschbeziehungen zwischen einem Auftraggeber, dem „Prinzipal", und einem Auftragnehmer, der als „Agent" bezeichnet wird. Im Rahmen einer Auftrags- oder Agenturbeziehung überträgt der Auftraggeber zur Realisierung seiner Interessen bestimmte Aufgaben und Kompetenzen auf der Grundlage einer Vereinbarung – im Regelfall gegen Vergütung – auf einen Auftragnehmer. Von besonderem Erkenntnisinteresse ist die Auftraggeber-Auftragnehmer-Beziehung unter Berücksichtigung divergierender Interessen der Akteure, unter Berücksichtigung von Risiken und Unsicherheit sowie unter der Bedingung ungleich verteilter Informationen (vgl. Ebers & Gotsch, 2006, 259 ff.). Die Agenturtheorie baut ihre Argumentation auf drei Grundgedanken auf: einem vertragstheoretischen Organisationskonzept – die Organisation und ihre Umweltbeziehungen werden als Netzwerk von Verträgen betrachtet, die unter den Beteiligten zur Regelung ihres wirtschaftlichen Austausches geschlossen werden –, einem Verhaltensmodell, das individuelle Nutzenmaximierung, ungleiche Informationsverteilung, Interessenunterschiede und die Risikominimierung der Akteure betont sowie der Annahme, dass eine optimale Gestaltung von Verträgen die Berücksichtigung von Agenturkosten voraussetzt (vgl. dazu ausführlich Ebers & Gotsch, 2006, 259 ff.). Die Analyse von Agenturbeziehungen beruht auf der Grundannahme, dass die Gestaltung und Erfüllung von Verträgen durch die Verhaltensmaxime einer von beiden Seiten erwarteten Nutzenmaximierung geprägt werden (vgl. Ebers & Gotsch, 2006, 261).

3.2.3.3 *Die Transaktionskostentheorie*

Für die Transaktionskostentheorie bildet der möglichst sparsame Einsatz knapper Ressourcen das Effizienzkriterium, wobei sie einerseits den Ressourcenverbrauch für die Erstellung des Gutes berücksichtigt und andererseits den Ressourcenverbrauch, der für die Abwicklung und die Organisation des Austausches entsteht (vgl. Ebers & Gotsch, 2006, 278).

Im Kern stellt die Transaktionskostentheorie damit einen Kostenvergleich alternativer institutioneller Arrangements der Abwicklung und Organisation so genannter Transaktionen dar (Ebers & Gotsch, 2006, 278). Berücksichtigt werden in diesem Zusammenhang sowohl die mit der eigentlichen Leistungserstellung „unmittelbar" verbundenen Ressourcenverbräuche im Sinne von „Produktionskosten", als auch die mit der Leistungserstellung „mittelbar" verbundenen Ressourcenverbräuche im Sinne von „Austausch- oder Transaktionskosten" (Ebers & Gotsch, 2006, 278).

Alle drei Theorien bieten wichtige Ansatzpunkte für die Verwaltungsmodernisierung, indem sie die Ressourcenverantwortung, das Auftragsmanagement und den Wirtschaftlichkeitsvergleich in den Focus der Reformbestrebungen stellen.

3.2.4 Managerialisierung und Ökonomisierung der öffentlichen Verwaltung

Dem Managerialismus liegt eine eindeutig betriebswirtschaftliche Ausrichtung des gesamten Verwaltungshandelns zu Grunde. Dies hat zur Folge, dass das bislang eher latente Spannungsverhältnis von Rechtmäßigkeit und Wirtschaftlichkeit der Auftragserfüllung im Rahmen der Verwaltungsreform noch deutlicher in den Blickpunkt der Akteure gerückt ist. Auch das aktuelle Regierungsprogramm greift dieses Problem auf (Regierungsprogramm, 12) und bemüht sich, die notwendige Harmonisierung von Rechtmäßigkeit und Wirtschaftlichkeit staatlichen Handelns sowie deren Zielkompatibilität zumindest thematisch anzureißen.

Die Ökonomisierung der Verwaltung hat auch erhebliche Auswirkungen auf die Funktion und die Rolle der Führungskraft. Im Zentrum des Managerialismus steht die professionelle Managementqualifikation der Führungskraft und weniger deren Fachexpertise (Schröter & Wollmann, 2000, 74).

Die Behördenleitungen sind als Träger der zentralen Managementfunktionen insbesondere für die strategische Ausrichtung der Behörden, für die angemessene Berücksichtigung und Harmonisierung der verschiedenen Stakeholderinterressen, für ein zeitgemäßes Verwaltungsmarketing und professionelles Networking, für eine effizientere und effektivere Aufgabenerledigung, für die Erreichung der Organisationsziele sowie für den Erfolg der gesamten Organisation und für eine zeitgemäße Organisations- und Personalentwicklung verantwortlich. Diese – auch nach Auffassung von Schröter und Wollmann (2000, 74) – zum Teil mit „heroischen" Annahmen versehene Führungs- und Managementleistung soll durch entsprechende Führungs- und Steuerungsinstrumente, die das NSM auch in seiner Funktion als „Tool-Box" bereitstellt, unterstützt werden.

Nur selten wird eine „Behördenleitung" die notwendigen Fähigkeiten alle gleich ausgeprägt in einer Person bündeln und alle Funktionen der Tool-Box alleine bedienen können. Insofern muss bei der Personalrekrutierung und Personalentwicklung der verschiedenen Managementebenen auf die richtige Auswahl sich ergänzender Fähigkeiten und Fertigkeiten der Organisationsmitglieder – insbesondere im Hinblick auf die Möglichkeit und die Notwendigkeit einer weitestgehenden Delegation von Aufgaben, Kompetenzen und Verantwortung – Wert gelegt werden. Dies setzt allerdings eine entsprechende Kompetenz und eine entsprechende Handlungsfreiheit für die Auswahl des hierfür geeigneten Personals voraus. Spätestens an dieser Stelle stoßen die Bestrebungen des NPM regelmäßig an die Grenzen traditioneller Denk- und Handlungsmuster in der öffentlichen Verwaltung, insbesondere an die Grenzen bürokratischer Personaladministration.

3.3 Das Neue Steuerungsmodell als integrativer und ganzheitlicher NPM-Ansatz

Das Neue Steuerungsmodell ist kein „Entweder-oder-Modell" sondern ein „Sowohl-als-auch-Modell". Es ist integrativ, ganzheitlich und folgt einer eigenen Systemlogik.

Effektives Verwaltungsmanagement berücksichtigt sowohl die gesamte Organisation als soziales System, als auch die einzelnen Menschen, die in diesem System als „Personen" in unterschiedlichen „Rollen" und „Funktionen" arbeiten. Es erkennt und nutzt die Beziehungen, die zwischen der technischen und institutionellen Organisationsumwelt, der Organisationsgröße, der Technologie und der Strategie einerseits und der Organisationsstruktur und der Systemleistung andererseits bestehen. Es stimmt die Instrumente der Organisations- und der Personalentwicklung sowie die Instrumente der Steuerung und Führung zweck- und zielbezogen aufeinander ab. Es stellt sicher, dass eine möglichst hohe Passung zwischen dem aufgabenbezogenen Profil, dem personenbezogenen Profil und dem organisatorischen Profil – unter besonderer Berücksichtigung der systemischen Anforderungen und Maßstäbe – vorhanden ist. Es fördert und fordert organisationales wie individuelles Lernen. Es berücksichtigt Leistungsaspekte ebenso wie Aspekte der Arbeitshumanität. Es schafft eine Symbiose von kollektivem und individuellem Nutzen und harmonisiert so Organisations- und Individualziele.

Systemorientiertes Management im Sinne der neuen Verwaltungssteuerung denkt, handelt und interpretiert die Staats- und Verwaltungsreform interdisziplinär. Es verbindet rechtswissenschaftliche, verwaltungswissenschaftliche, wirtschaftswissenschaftliche und sozialwissenschaftliche Sichtweisen, Erkenntnisse und Ansätze im Sinne einer möglichst hohen Wirkung miteinander. Es begünstigt und ermöglicht radikalen wie evolutionären Wandel.

Modernes Verwaltungsmanagement verbindet – in einem integrativen Sinne von Organisation – prozessuale Dynamik und Komplexität mit der notwendigen Stabilität, Einfachheit und Praktikabilität bewährter und zielführender Strukturen und Funktionen. Es verbindet rechtsstaatliche Prinzipien und traditionelle Werte hoheitlichen Handelns mit den Erfordernissen wirtschaftlicher, flexibler und dienstleistungsorientierter Aufgabenerfüllung.

Nach F. Capra stellt der Übergang vom eher mechanistisch geprägten Weltbild zum systemischen Weltbild einen Paradigmenwechsel in der Wissenschaft und der Gesellschaft dar, der ebenso radikal wie die kopernikanische Wende ist (vgl. Dietrich, 2001, 81 unter Hinweis auf Capra). Das systemische Weltbild lässt sich als ganzheitliches Weltbild begreifen demzufolge die Welt nicht als eine Ansammlung isolierter Teile gesehen wird, sondern als integriertes Ganzes (Dietrich, 2001, 82). Der Umgang mit einer dynamischen und komplexen Welt und der Umgang mit dynamischen und komplexen Systemen setzt auch im öffentlichen Sektor ein ganzheitliches und vernetztes Denken voraus.

Aus dem Begriff des systemischen Denkens lässt sich zur Bereicherung der bestehenden und bewährten Organisations- und Führungstheorien der Begriff des systemischen Managements ableiten. Systemisches Management bedeutet deshalb nicht ein radikales „Über-Bord-Werfen“, sondern eine notwendige und sinnvolle Erweiterung bewährter, praxiserprobter Denkweisen und Werthaltungen (vgl. Dietrich, 2001, 83). Eine andere Interpretation des systemischen Managementansatzes im Sinne einer „Entweder-oder-Logik“ bedeutete aus systemorientierter und integrativer Sichtweise auch einen Widerspruch in sich.

4. Das neue Verwaltungsmanagement als Instrument zur Bewältigung von Komplexität durch Sinngebung und zur Reduzierung von Unsicherheit

Es ist erstaunlich, dass selbst erfolgreiche und praxiserprobte Führungskräfte in Zeiten radikalen Wandels und grundlegender Veränderungen immer wieder nach verbindlichen Handlungsempfehlungen, universell anwendbaren „Checklisten“ oder „Patentrezepten“ zur Lösung unterschiedlichster Problemstellungen suchen. Offenbar besteht auch bei erfahrenen Managern ein erhebliches Bedürfnis, der zunehmenden Komplexität und Diskontinuität der modernen Welt durch einen Rückzug in eine vereinfachte, vermeintlich lineare, stabile, berechenbare und beherrschbare Wirklichkeit zu begegnen.

Ein effektiver Umgang mit Komplexität stellt eine Kernaufgabe des modernen Managements dar. Als komplex kann man eine Situation immer dann bezeichnen, wenn sie überreich an Entscheidungszwängen und an den Folgeproblemen von Entscheidungen ist, die untereinander zusammenhängen (vgl. Mayer, 2003, 27 m.w.Nw.). Hinzu kommt, dass moderne Organisationen infolge der enorm hohen Varietät selbst eine komplexitätstreibende Struktur und Wirkung aufweisen. In Anlehnung an Mayer besteht das Komplexitätsdilemma vieler – insbesondere postbürokratischer – Organisationen darin, dass aufgrund der gestiegenen äußeren und inneren Komplexität vermeintlich komplexitätsreduzierende Strukturen und Instrumente eingeführt wurden, die jedoch im Ergebnis zu einer weiteren Zunahme an organisationaler Komplexität geführt haben (2003, 27 ff.).

Auch dem menschlichen Wissen sind im Hinblick auf die Wahrnehmung und Verarbeitung von Komplexität deutliche Grenzen gesetzt. Es ist in der Regel nicht mehr möglich über komplexe Sachverhalte alles zu wissen, zumal die menschliche Rationalität und die menschliche Erkenntnis in einem natürlichen Sinne selbst beschränkt sind. Der verzweifelte Versuch, die zunehmende Komplexität durch einen immer breiteren Einsatz modernster IuK-Technologie in den Griff zu bekommen und die entstehenden Unsicherheiten durch eine permanente Erfassung und Speicherung möglichst vieler Daten zu absorbieren, erscheint so aussichtsreich und sinnvoll wie der bereits zitierte sprichwörtliche Kampf gegen die Windmühlen.

Vor dem Hintergrund von Komplexität und Unsicherheit ist es auch verständlich, dass unter anderem Koch – stellvertretend für viele Topmanager – zum Beispiel „leicht verständliche“ Führungsberichte für die jeweilige vorgesetzte

Ebene, bis zu den Leitungen der Ministerien fordert (vgl. Koch, Frankfurter Allgemeine Zeitung vom 04.03.2010).

Das Erkenntnisobjekt Organisation, das Management sozialer Systeme und die Erfassung der vermeintlichen Verwaltungswirklichkeit und deren Bewertung sind jedoch viel zu komplex, als dass es einen Erkenntnis- und Entscheidungsprozess „light“ oder den „one best way“ im Sinne einer einzig richtigen Betrachtungs- und Handlungsweise geben könnte (vgl. Hopfenbeck, 2002, 322). Es gibt auch im Management öffentlicher Verwaltungen im Regelfall keine einfachen Standardlösungen. Eine unzulässige Simplifizierung komplexer Sachverhalte und Problemstellungen führt nicht zu einer tatsächlichen Reduzierung der vorhandenen Komplexität, sondern allenfalls zu einer stark vereinfachten Darstellungs-, Sicht- und Interpretationsweise der handelnden Akteure sowie zu einer äußerst gefährlichen Scheinsicherheit. Die isolierte Betrachtung einzelner Systembestandteile und die Zerlegung komplexer Problemlagen in vermeintlich handhabbare „Teilprobleme“ verkennt deren Wirkungszusammenhang und ignoriert die bestehenden Interdependenzen. Auch aus anderen Disziplinen wie der Bionetik ist bekannt, dass zum Beispiel das Aussterben einer Pflanze oder eines Tieres kein singuläres Problem darstellt, sondern stets erhebliche und schwer kalkulierbare Folgewirkungen für andere Lebewesen und sonstige Elemente eines Biotops hat. Komplexe Umwelten erfordern oftmals ein äußerst komplexes Vorgehen und eine ganzheitliche, systemische Betrachtung und Bewertung des Sachverhalts. Erfolgreiches Handeln in komplexen Situationen benötigt ein gleichgewichtiges, ganzheitliches Zusammenspiel von Praxis, Theorie und Metatheorie, wobei die Metatheorie einen Bezugsrahmen aus theorieübergreifenden Grundsätzen darstellt und einer an einem Sachverhalt orientierten Verwendung von Theorien dient (vgl. Wilms, 2001, 9).

Das NSM basiert auf organisationstheoretischen Denkansätzen, die eindeutige Bezüge zur Systemtheorie, zur Kybernetik und zum evolutionären Management aufweisen. Auch verhaltenswissenschaftliche, kommunikations- und erkenntnistheoretische sowie interpretative Ansätze sind vorhanden. Diese Theorien treffen auf eine Verwaltungswirklichkeit, die immer noch vom Zeitgeist Webers, Fayols und Taylors geprägt ist, und die offensichtlich davon ausgeht, vorrangig mit den Methoden, Instrumenten und Sichtweisen der traditionellen Organisationslehre eine Bürokratie in eine lernende Verwaltung und einen modernen Dienstleister transformieren zu können. Der Paradigmenwechsel vom Bürokratiemodell zur Lernenden Organisation erfordert jedoch eine vollständige Neuorientierung und ein radikales Umdenken der Organisationsmitglieder der öffentlichen Verwaltungen, insbesondere der für den Reformerfolg verantwortlichen Führungskräfte.

Im Rahmen dieses Paradigmenwechsels muss berücksichtigt werden, dass das von M. Weber geprägte „klassische“ Bürokratiemodell eine durchaus angemessene Antwort auf die Probleme und Herausforderungen seiner Zeit darstellte. Der daraus entstandene und von M. Weber sicherlich nicht zu verantwortende dysfunktionale Bürokratismus ist jedoch mittlerweile zu einem Problem und einer Herausforderung unserer Zeit geworden.

4.1 Das Bürokratiemodell als traditionelles Fundament der öffentlichen Verwaltung

Jede Organisationstheorie basiert auf gewissen Grundannahmen. Dies gilt auch für das Bürokratiemodell Webers und das so genannte Scientific Management Taylors. Grundannahmen sind ausschlaggebend für den Umgang mit Problemen und helfen uns, die Welt zu erklären und eine Richtung anzugeben auf der Suche nach geeigneten Lösungswegen (vgl. Mayer, 2003, 30 ff.). Das besondere an Grundannahmen ist, dass sie bereits getroffene Entscheidungen beinhalten und somit maßgeblich handlungsleitend sind (vgl. Mayer, 2003, 30). Orientiert man sich zur weiteren Einordnung der organisationstheoretischen Ansätze am Merkmal der Steuerbarkeit und der Steuerung von Systemen, so kann man die drei Kategorien „Rationales Systemmodell", „Personales Systemmodell" und „Offenes Systemmodell" bilden (vgl. dazu ausführlich Mayer, 2003, 30 ff. m.w.Nw.). Das Bürokratiemodell zählt zu den rationalen Systemmodellen. Dem rationalen Systemmodell liegt die Annahme zugrunde, dass Manager zielgerichtet Organisationsabläufe beeinflussen und das gesamte System in einem technokratisch-rationalen Sinne beherrschen können. Die Machbarkeitsillusion von einer zielgerichteten Beeinflussung des organisationalen Geschehens und der Möglichkeit der zielgerichteten Steuerbarkeit und Beherrschbarkeit von Organisationen durch das Management zählt zu den Grundannahmen der traditionellen Managementpraxis (vgl. Mayer, 2003, 31 ff.).

Bürokratie im Sinne von Weber war der gesellschaftliche Gegenentwurf zu staatlicher Willkür, Feudalismus und Machtmissbrauch. Bürokratie war Ausdruck legaler, rationaler Herrschaft und als solche sachlich, unpersönlich und berechenbar. Kennzeichnend für diese Form der Bürokratie sind Amtspflichten, feste Verantwortlichkeiten, Weisungsbefugnisse und Zuständigkeiten, genau definierte Aufgaben, Kompetenzen und Pflichten, eine hohe fachliche Qualifikation der beamteten Staatsdiener mit qualifikationsabhängiger Eignung, fester Besoldung und vorgezeichneter Laufbahn sowie definierte, einfache Berichts- und Weisungswege, ein fest geordnetes System von Über- und Unterordnungen, Aktenmäßigkeit der Vorgänge, eine Kodifizierung der Verwaltungsordnung, eine einheitliche Amtsdisziplin und Kontrolle sowie Amtsführung nach Maßgabe fester Regeln und Normen (vgl. dazu ausführlich Kieser, 2006, 73 ff. unter Hinweis auf Weber).

Die Effizienz der Bürokratie beruhte nach der Vorstellung Webers auf ihrer Maschinenartigkeit. Die öffentliche Verwaltung nach bürokratischem Muster galt als effektivste Organisationsform, um eine große Anzahl von Menschen kontrolliert zu leiten und die Berechenbarkeit aller Handlungen für den Auftraggeber und für die Leistungsempfänger zu erreichen (vgl. Mayer, 2003, 31). Auch an dieser Stelle werden Parallelen des Bürokratiemodells zum Scientific Management Taylors und zum Administration Management Fayols deutlich und sind ebenfalls Ausdruck eines bestimmten Zeitgeistes, der in einem ganz konkreten historischen und gesellschaftlichen Kontext steht und auch unter besonderer Berücksichtigung dieses Kontextes bewertet werden muss. Nach Weber verhält sich ein voll entwickelter bürokratischer Mechanismus mit hoher funktionaler Differenzierung und Spezialisierung – im Vergleich zu anderen Formen der Verwaltung – wie eine Maschine zu den nicht mechanischen Arten der Gütererzeugung (vgl. Kieser, 2006, 76 ff.).

Die Mitglieder einer bürokratisch strukturierten Verwaltung sind in Anlehnung an Weber „Paragraphen-Automaten“, deren Arbeitsergebnis ebenso berechnet werden kann, wie man die voraussichtliche Leistung einer Maschine kalkuliert (vgl. Kieser, 2006, 76). Schließlich trägt nach Weber zur Effizienz von Bürokratie weiterhin bei, dass dem Beamten jeglicher Eigensinn ausgetrieben wird (Kieser, 2006, 76).

Vergleicht man die bürokratische Verwaltungspraxis des „Paragraphen-Automaten“ und die „Verwaltungsmaschine“ mit den Anforderungen des Neuen Steuerungsmodells und der Lernenden Organisation so wird deutlich, dass die bürokratische Verwaltungspraxis durch eine neue, grundlegend andere, systemische Verwaltungspraxis ergänzt und modifiziert werden muss.

Die bürokratische Prägung und Sozialisierung des öffentlichen Dienstes erklärt aber auch, weshalb so viele Führungskräfte und sonstige Systemmitglieder immer noch von einer Wirklichkeit ausgehen, in der die bürokratische Organisation als stabil, berechenbar und beherrschbar gilt, während die Verwaltungswirklichkeit und das Systemumfeld sich schon lange grundlegend gewandelt haben. Das Bild des „Paragraphen-Automaten“ und der „Verwaltungsmaschine“ sind in weiten Teilen der öffentlichen Verwaltung immer noch gegenwärtig und behindern zweifelsohne einen zügigeren und erfolgreicheren Ablauf des Reformprozesses sowie den Übergang zu einer wirklich „lernenden“ Verwaltung.

4.2 Organisationaler Sinn als grundlegender Operationsmodus sozialer Systeme und als Element der Kontextsteuerung

Es ist die zentrale Aufgabe eines modernen Verwaltungsmanagements – insbesondere in Zeiten radikaler Veränderungen und hoher Unsicherheiten – mit den entstehenden Ambiguitäten, Paradoxien und Ambivalenzen professionell umzugehen, diese auszuhalten – ohne dabei in Hektik und Aktionismus zu verfallen – und gleichzeitig die zunehmende Komplexität durch klare und verlässliche Leitungsentscheidungen und durch eine transparente Kommunikation dieser Entscheidungen so zu „reduzieren", dass die einzelnen Systemmitglieder den behördlichen Auftrag und die eigene Arbeit unter größtmöglicher individueller „Handlungssicherheit" erfüllen können. Die Arbeitsebene erwartet auch von den Behördenleitungen und den nachgeordneten Führungskräften im Rahmen einer Kontextsteuerung eine klare und eindeutige Positionierung und Ausrichtung der Behörde sowie die Sicherstellung geeigneter Rahmenbedingungen und Entscheidungsprämissen, ausreichender Informationen und verbindlicher Maßstäbe für die eigene Aufgabenerledigung. Auch wenn die Inhaber von Führungspositionen nie direkt festlegen können, wie die Organisationsmitglieder im Einzelfall tatsächlich handeln, so können sie doch – wie bereits dargestellt – über die entscheidbaren Entscheidungsprämissen ihrer Organisationseinheiten entscheiden (vgl. Simon, 2009, 114). Dies beginnt mit der Personalrekrutierung, setzt sich über die formalen Strukturen, insbesondere die Kommunikations- und Weisungswege fort und findet seinen operativen Boden in den Programmen (vgl. Simon, 2009, 114). Damit ist immer noch keine lineare Kausalität zwischen dem Handeln der Führungskräfte und den Aktionen der anderen Mitglieder der Organisation entstanden, aber so kann der für eine rechtmäßige, zweckmäßige und wirtschaftliche Aufgabenerfüllung erforderliche Handlungsspielraum entsprechend definiert werden (vgl. Simon, 2009, 114). Es ist eine zentrale Aufgabe der Führungskräfte im Wege der so genannten Kontextsteuerung den Kontext des autonomen Handelns der Organisationsmitglieder angemessen zu gestalten und „autonomes", eigenverantwortliches Handeln zu fördern (vgl. Simon, 2009, 114 unter Hinweis auf Willke) und nicht aus machtpolitischen Gründen das zuvor propagierte Delegationsprinzip wieder zu konterkarieren.

Die Entscheidungen über Entscheidungsprämissen bilden einen wesentlichen und wirksamen Mechanismus zur Steuerung von Organisationen (Simon, 2009, 114).

Eine klare Ausrichtung und wirksame Unterstützung erwarten die Behördenleitungen im Rahmen der strategischen Steuerung auch von den ihnen jeweils „vorgesetzten" (übergeordneten) Organisationseinheiten, die in der öffentlichen

Verwaltung häufig die Schnittstelle zwischen Administration und Politik darstellen. Eine weitere ganz wesentliche Aufgabe des modernen Verwaltungsmanagements in sozialen Systemen liegt in der Stiftung und Vermittlung organisationalen Sinns. Soziale Systeme wie Organisationen operieren im Gegensatz zu Maschinen in besonderem Maße mit dem Medium Sinn (vgl. Schuldt, 2005, 20). Nur wenn die Systemmitglieder vom Sinn und Zweck des behördlichen Auftrags und von der Sinnhaftigkeit und dem Nutzen ihrer eigenen Arbeit überzeugt sind, werden sie ihr Handeln konsequenter als bisher an den entsprechenden Organisationszielen ausrichten und ihre persönlichen Ziele mit den Organisationszielen in weitestgehende Übereinstimmung bringen. Nach Liebig (1997, 134 ff.) ist Sinn jener grundlegende Operationsmodus, der soziale Systeme in die Lage versetzt, Komplexität zu reduzieren und Informationen „differenzorientiert" zu gewinnen und zu verarbeiten. Sinn bildet jene maßgebliche Unterscheidung, an der sich die Operationen des Systems orientieren und stellt darüber hinaus jene Kategorie dar, an der sich die Frage nach den Grenzen des Systems und die nach der Zugehörigkeit der Elemente entscheidet. Dem Sinn kommt somit eine maßgebliche Selektions- und Ordnungsfunktion zu. Sinn ist das zentrale Steuerungskriterium nicht-trivialer sozialer Systeme (vgl. Liebig, 1997, 134 ff.).

Die Vermittlung oder Erzeugung von organisationalem Sinn muss auch im Hinblick auf dessen identitätsstiftende Wirkung als eine der wichtigsten Managementaufgaben bezeichnet werden (vgl. Schäfer, 2005, 30 ff.). Dies gilt insbesondere dann, wenn – wie im öffentlichen Sektor – mangels wirksamer Wettbewerbsbedingungen und weitestgehend fehlender Sanktions- und Selektionsmechanismen das organisationale „Überleben" des Systems in seinem Kernbestand weitestgehend gesichert ist.

5. Die Grenzen von Steuerung und Führung in sozialen Systemen (Organisationen)

Bei den Organisationseinheiten der öffentlichen Verwaltung handelt es sich – wie bereits dargestellt – um soziale oder sozio-technische Systeme. Soziale Systeme sind per Definition komplex und damit grundsätzlich nicht-trivialer Natur. Für soziale Systeme besitzen daher die Erkenntnisse über die Funktionsweise trivialer, technomorpher Systeme und deren Steuerbarkeit im Sinne einer linear-kausalen Beherrschbarkeit allenfalls eine stark eingeschränkte Gültigkeit. Die im Umgang mit „Maschinensystemen" gewonnenen Erkenntnisse lassen sich keinesfalls im „Maßstab" 1 : 1 auf soziale Systeme übertragen. Aus diesem Grund greift die Implementierung rein kybernetischer Steuerungsmodelle 1. Ordnung im Rahmen eines systemischen Controllinganssatzes insgesamt viel zu kurz.

Für ein erfolgreiches Management – dies gilt insbesondere auch in grundlegenden Change- oder Transformationsprozessen – letztlich ausschlaggebend, ist die Erkenntnis, dass Organisationen als soziale Gebilde nicht-trivial sind, und dass der grundlegende Unterschied zwischen „trivialen" und „nicht-trivialen" Systemen in deren Berechenbarkeit und Beherrschbarkeit sowie in der Bedeutung des Kriteriums „Sinn" liegt.

Eine triviale Maschine überführt einen bestimmten Input anhand der gleichen Transformationsfunktion in einen bestimmten Output. Das Verhalten wird von den Inputs und der internen Funktion bestimmt (vgl. dazu ausführlich Wilms, 2001, 227). Ein nicht triviales System hingegen verändert die Transformationsfunktion zustandsabhängig und somit auch den Output in einer nicht eindeutig prognostizierbaren Art und Weise. Bei einer nicht trivialen Maschine ist es nicht mehr möglich, aus einem bestimmten Input eindeutig auf einen bestimmten Output zu schließen, da ein derartiges System seinen Zustand permanent verändert (Dietrich, 2001, 126). Aufgrund der in nicht trivialen Systemen statt findenden Beeinflussung zwischen internen Zuständen, welche auf sich selbst zurückwirken, entwickeln solche Systeme ein Eigenleben (Dietrich, 2001, 127).

Insoweit ist es gar nicht möglich und im Ergebnis auch nicht erstrebenswert, Menschen oder sozialen Systemen den vorhandenen „Eigensinn" im Sinne Webers „auszutreiben". Auch wenn diese Erkenntnis das „Weberianische Weltbild" stören mag, so ist das Verhalten komplexer sozialer Systeme nicht wirklich berechenbar und insbesondere auch nicht beherrschbar in einem linear-kausalen Sinne (vgl. Liebig, 1997, 134 ff.; Nolte, 2008, 99).

Es ist Capra zuzustimmen, der in Bezug auf die Bedeutung der systemischen Perspektive ausdrücklich darauf hinweist, dass die schwierigsten Probleme der Gegenwart und Zukunft globale, systemische Probleme sind (Liebig, 1997, 58 unter Hinweis auf Capra).

Im Rahmen einer systemischen Betrachtung tritt regelmäßig Komplexität an die Stelle von Einfachheit, Heterarchie an die Stelle von Hierarchie, Holographie an die Stelle von Eindimensionalität, Unbestimmtheit und Ambiguität an die Stelle von Determinismus und Eindeutigkeit, wechselseitige Beeinflussung und Eigensinn an die Stelle von linearer Kausalität und Fremdbestimmung, Gestaltwandel und Dynamik an die Stelle von Gleichförmigkeit und Statik, Selbstorganisation an die Stelle von Fremdorganisation, Perspektivität, Interpretation und Konstruktivismus an die Stelle von Realismus und vermeintlicher Objektivität (vgl. in diesem Sinne auch Liebig, 1997, 59 m.w.Nw.).

Die moderne Systemtheorie betrachtet Organisationen oder Institutionen – als soziale Systeme – nicht nur in ihrer Beziehung zur Umwelt, sondern auch hinsichtlich der innerhalb des Systems ablaufenden spezifischen Prozesse, die zu einem systemeigenen Verhalten der Organisation in der Umwelt führen.

Der Organisationserfolg hängt somit nicht nur von der Fähigkeit des Systems zur Anpassung an sich verändernde Umwelten ab, Organisationen beziehen sich auch auf ihre interne Struktur und damit auf sich selbst (vgl. Liebig, 1997, 61).

Die Führungskräfte der öffentlichen Verwaltung müssen sich daher im Rahmen ihrer Managementaufgaben in viel stärkerem Maße mit der Funktionsweise und den Spezifika sozialer Systeme bürokratischer oder post-bürokratischer Prägung sowie den wesentlichen technischen und institutionellen Kontextfaktoren auseinandersetzen, um die Wirkung des eigenen Handelns auf das soziale System und die auf die Organisation einwirkenden Einflussfaktoren besser abschätzen und in den Prozess der Planung, Entscheidung, Realisation und Kontrolle besser integrieren zu können. Insbesondere müssen die für den Organisationserfolg verantwortlichen Führungskräfte in der Lage sein, auch sich selbst und das eigene Verhalten als Teil eines übergeordneten System- und Interaktionszusammenhangs zu erkennen, um im Wege der Kontextsteuerung zielgerichtet Einfluss auf das Verhalten der Organisationsmitglieder und der Organisationsumwelt sowie auf die betrieblichen Abläufe, im Sinne systemischer Prozesse nehmen zu können.

6. Die Übertragbarkeit privatwirtschaftlicher Markt- und Wettbewerbsmechanismen auf den öffentlichen Sektor

Jeder Transformations- und organisationale Entwicklungsprozess benötigt einen starken und zugkräftigen „Motor" als inneren Antrieb. Das Theoriegebilde des NPM geht davon aus, dass die Markt- und Wettbewerbsmechanismen der Privatwirtschaft grundsätzlich auf den öffentlichen Bereich übertragbar sind und dort quasi als „Motor des Wandels" eine vergleichbare, leistungsfördernde Wirkungen entfalten.

Ein wesentliches Ziel von Wettbewerb und Wettbewerbssurrogaten ist es, die Schnittstelle zwischen öffentlicher und privatwirtschaftlicher Leistungserstellung neu zu definieren und dadurch auch erweiterte Wahlmöglichkeiten für öffentliche Güter im Sinne konkurrierender Leistungsangebote zu ermöglichen. Auf die Anbieter öffentlicher Leistungen wird in Bezug auf Produktqualität, Preis und Angebot ein wettbewerbsähnlicher Druck ausgeübt, der zu einer spürbaren Effizienz- und Effektivitätssteigerung führen soll. Sofern man dieser Grundannahme folgt, erscheint es durchaus konsequent, die Anbieter öffentlicher Leistungen zumindest der Konkurrenzsituation eines „Quasi-Marktes" oder eines „Quasi-Wettbewerbs" auszusetzen, obwohl sich die öffentliche Verwaltung im Gegensatz zum Markt stets als wettbewerbsfreier Raum verstanden hat (vgl. Nullmeier, 2001, 92). Sofern man den Begriff des Wettbewerbs oder der Konkurrenz nicht auf das Feld ökonomischer oder geldvermittelter Tauschbeziehungen beschränkt, bedeutet Wettbewerb das Streben von mindestens zwei Akteuren nach einem Ziel, wobei die Zielerreichung des einen die des anderen vermindert oder verhindert (Nullmeier, 2001, 93). Wettbewerb auf Märkten ist die durch den Markt als Institution vorgegebene Rivalität zwischen den Akteuren einer Marktseite (Nullmeier, 2001, 93).

Die charakteristischen Merkmale eines echten Wettbewerbs sind die Existenz von Märkten und mindestens zwei Anbieter oder Nachfrager von Leistungen, die sich antagonistisch verhalten (Hopfenbeck, 2002, 246). Unter einem Markt versteht man in abstrakter Form das Zusammentreffen von Angebot und Nachfrage (vgl. dazu ausführlich Wöhe, 2008, 414).

Die fünf Wettbewerbskräfte, die das Marktgeschehen prägen, sind die Gefahr des Markteintritts weiterer Anbieter, die Rivalität unter den bestehenden Wettbewerbern, der Druck auf den Markt durch Substitutionsprodukte, die Verhandlungsstärke der Abnehmer und die Verhandlungsstärke der Lieferanten (vgl. Thommen, 2007, 1134 ff. unter Hinweis auf Porter). Dadurch, dass im Rahmen marktlicher Transaktionen Leistung und Gegenleistung unmittelbar miteinander verknüpft sind und der Nutzen der jeweiligen Transaktion den Geschäftspartnern direkt zufließt, besteht ein hohes Interesse der Marktteilnehmer, die eigenen Ressourcen so effizient wie möglich – im Sinne des ökonomischen Prinzips – einzusetzen. Ein funktionierender, freier Markt wird dezentral über den Preismechanismus gesteuert. Im marktwirtschaftlichen Wettbewerb stellt der Gewinn quasi eine „Vorzugsprämie" für „Vorzugsleistungen" dar (vgl. Schierenbeck & Wöhle, 2008, 26). Die Vergleichbarkeit vieler Güter, die sich daraus ergebende Konkurrenzsituation und der Preismechanismus des Marktes bilden die Grundlage für eine möglichst wirtschaftliche Ressourcenallokation. Zudem gewährleistet der Marktmechanismus eine permanente Entwicklungs- und Anpassungsfähigkeit an die sich ständig ändernden Umfeldbedingungen, insbesondere eine permanente Anpassung des Leistungsangebotes an die aktuellen Kundenwünsche (vgl. Ebers & Gotsch, 2006, 286; Wöhe, 2008, 42). In diesem Zusammenhang ist bemerkenswert, dass die ursprüngliche Theorie des NPM offensichtlich von einem eher idealtypischen, vollkommenen und freien Marktgeschehen ausgeht und – im Sinne von Adam Smith, dem geistigen Vater der Marktwirtschaft (vgl. Schierenbeck & Wöhle, 2008, 26) – an die unsichtbare Hand des Marktes und die damit verbundenen selbstregulierenden, selektiven Kräfte „glaubt". Ein so genannter vollkommener Markt erfüllt dabei die Bedingungen: Maximumstreben der Marktteilnehmer, Homogenität, uneingeschränkt große Reaktionsgeschwindigkeit und Markttransparenz (Jung, 2004, 535; Wöhe, 2008, 415; Schierenbeck & Wöhle, 2008, 324 ff.). Je höher der Vollkommenheitsgrad eines Marktes, desto stärker ist die Wettbewerbsintensität (vgl. Wöhe, 2008, 415).

Soweit die marktwirtschaftliche Theorie. Die ökonomische Wirklichkeit der Gegenwart ist jedoch eine weitestgehend andere. In Deutschland stellt seit vielen Jahrzehnten die so genannte soziale Marktwirtschaft die wirtschaftspolitische Grundkonzeption dar, die durch ein – mehr oder weniger – freies Spiel von Angebot und Nachfrage, aber auch durch einen Dualismus von Marktwirtschaft und öffentlicher Wirtschaft gekennzeichnet ist (vgl. Hopfenbeck, 2002, 246). Moderne marktwirtschaftliche Systeme existieren nicht in einem staatsfreien Raum. Wirtschaftliches Handeln ist vielmehr – oftmals sehr eng – durch einen von Staatsgewalt, Verfassung und Rechtsordnung gezogenen, institutionellen Rahmen begrenzt (vgl. Schierenbeck & Wöhle, 2008, 26).

Der moderne Staat übt – in vielfältiger Hinsicht – einen gewaltigen Einfluss auf das gesamte Marktgeschehen aus. Es geht nicht nur um Fragen staatlicher Regulierung und Deregulierung, um die Höhe der Staatsquote, um die gesamtwirtschaftliche Bedeutung staatlicher Investitionen, um das Ausmaß und den

Einfluss staatlicher Auftragsvergabe, um Subventionierung und um Privatisierung, es geht auch in immer stärkerem Maße um die unmittelbare und gezielte Intervention der öffentlichen Hand zum Erhalt einzelner Unternehmen oder ganzer Branchen und neuerdings sogar um die finanzielle „Rettung" ganzer Staaten und Volkswirtschaften. Staatliche Eingriffe und Korrekturen betreffen mittlerweile den Finanzsektor, die Automobilindustrie, die Montanindustrie, die Energiewirtschaft, das Postwesen, die Bahn und die Telekommunikation sowie viele andere bedeutende Wirtschaftszweige. Insoweit kann von einem vollkommenen und wirklich freien, sich selbst regulierenden Markt und einem daraus resultierenden leistungsfördernden Wettbewerb in einem idealtypischen Sinne wohl kaum noch die Rede sein.

Es geht in diesem Kontext jedoch nicht darum, den prinzipiellen Nutzen von mehr Wettbewerb im öffentlichen Sektor zu diskutieren oder um eine Diskussion angemessener Grenzen staatlicher Einflussnahme auf das Marktgeschehen, es geht nur darum, die Frage aufzuwerfen, welches Grundverständnis von Markt und Wettbewerb dem Theoriekonstrukt des NPM im Jahr 2011 überhaupt noch zu Grunde liegen kann. Von der Beantwortung dieser Frage hängen Ausmaß und Intensität des weiteren staatlichen Reform- und Modernisierungsprozesses sowie die Definition des politisch gewollten Reformergebnisses ab. Zu berücksichtigen ist in diesem Zusammenhang, dass insbesondere in der Bundesrepublik die Verwaltungsreformdebatte bislang fast ohne Anknüpfung an konkrete wettbewerbstheoretische Konstrukte stattgefunden hat (vgl. Nullmeier, 2001, 95). Auch die Übernahme von Gedanken des NPM ist ohne Betonung der Wettbewerbsausrichtung erfolgt. Es ist Nullmeier zuzustimmen, der die sonstigen Instrumente des NPM ohne Konstruktion eines für den öffentlichen Sektor geeigneten Wettbewerbsrahmens für weitestgehend wirkungslos hält (vgl. Nullmeier, 2001, 95). Die bisherigen praktischen Erfahrungen, die im Rahmen der bundesdeutschen Verwaltungsreform gemacht wurden, scheinen diese Annahme im Kern immer mehr zu bestätigen.

Auch an dieser Stelle wird deutlich, welche massiven Folgen die partielle Auflösung und Zersplitterung eines ursprünglich ganzheitlichen Reform- und Modernisierungsansatzes und die isolierte Anwendung der einzelnen Elemente des NPM für den gesamten Reformerfolg, insbesondere für dessen Nachhaltigkeit und Entwicklungsgeschwindigkeit hat. Die Frage, in welcher Art und in welcher Intensität Wettbewerbsinstrumente und Wettbewerbssurrogate auf die bundesdeutsche Verwaltungslandschaft übertragen werden sollen, bedarf jedoch in einem sozialen Rechtsstaat bundesdeutscher Prägung einer ausgesprochen differenzierten und kritischen Betrachtung und Bewertung. Dies gilt insbesondere im Hinblick auf die möglichen Folgen für das Gemeinwesen, für die rechtsstaatliche Aufgabenerfüllung und für die Grundstruktur der öffentlichen Verwaltung.

Nach der gegenwärtig wohl herrschenden Auffassung von Wettbewerb im öffentlichen Sektor dominieren nach wie vor die Modelle, die künstliche Wettbewerbselemente, einen „Quasi-Wettbewerb" oder einen nur „virtuellen" Wettbewerb präferieren. Die Konstruktion eines realen Wettbewerbs mit allen damit verbundenen Konsequenzen und Folgen findet im Regelfall noch nicht statt. Die Öffnung für mehr realen Wettbewerb wäre jedoch ein starker Katalysator für den eher schleppend und zum Teil abwegig verlaufenden Modernisierungsprozess, der die Reformen auch wieder in die richtige, durch das NPM intendierte Richtung – im Sinne einer spürbaren Steigerung der Effizienz und Effektivität des Verwaltungshandelns – bringen würde.

In den vergangenen Jahren ist zudem mit dem so genannten Public Governance Ansatz ein ergänzendes Reformmodell zum NPM oder NSM hinzugekommen (vgl. Dincher et al., 2010, 166). Im Zentrum von Public Governance steht die „Erkenntnis", dass für die Lösung sämtlicher gesellschaftlicher Probleme nicht allein der Staat zuständig sein kann. Der Staat zieht sich folgerichtig aus einer Vielzahl öffentlicher oder „quasi-öffentlicher" Aufgaben zurück, behält jedoch die Verantwortlichkeit für die übergeordnete Koordination und Steuerung im Hinblick auf die zentralen staatlichen Ziele (vgl. Dincher et al., 2010, 167). Im Rahmen des Public Governance Ansatzes und des Zusammenwirkens der Akteure Staat, Gesellschaft und Wirtschaft kommt es zu einer Zunahme an Kooperationen zwischen Staat und Privaten (Public-Private-Partnership), zu einer vermehrten Indienstnahme Privater für öffentliche Leistungen (Contracting-Out) und zu Ausgliederungen und Verselbständigungen im öffentlichen Sektor (vgl. Dincher et al. 2010, 167). Insoweit könnten die Folgen des mangelnden realen Wettbewerbs zumindest ansatzweise auch durch eine intensivere faktische Kooperation von Staat und Privaten und eine entsprechende Aufgaben- und Verantwortungsteilung kompensiert werden.

7. Die Bedeutung der Ziel- und Zweckorientierung im Rahmen von Controlling und neuer Verwaltungssteuerung

Organisationen werden gegründet, um bestimmte Zwecke und Ziele zu verfolgen und diese nach Möglichkeit auch zu erreichen. Diese strikte Zweck- und Zielbezogenheit gilt – entgegen einer weit verbreiteten Auffassung in der öffentlichen Verwaltung – selbstverständlich auch für bürokratische Systeme, insbesondere auch für Behörden. Auch Bürokratien existieren weder zweckfrei noch ziellos.

Unter dem Begriff Zweck versteht man im organisationalen Sinne die Leistung, die eine Organisation für ihre Umwelt erbringt und aus deren Erfüllung die Organisation ihre Existenzberechtigung (vgl. Staehle, 1999, 438) und ihre Akzeptanz in der Umwelt ableitet.

Unter dem Zielbegriff versteht man erwünschte oder angestrebte organisatorische Zustände oder Verhaltensweisen (vgl. Staehle, 1999, 438). Man unterscheidet in Anlehnung an Kirsch die Individualziele der Organisationsmitglieder, die Ziele der Organisationsmitglieder für die Organisation und die „eigenen" Ziele der Organisation (vgl. Staehle, 1999, 439 unter Hinweis auf Kirsch). Die Individualziele oder Motive der Organisationsmitglieder werden, wenn sie als Forderungen an die Organisationsleitung gerichtet sind, zunächst zu Zielen für die Organisation. Legt die Organisationsleitung bestimmte Ziele fest, werden diese zu „eigenen" Zielen der Organisation (vgl. dazu ausführlich Staehle, 1999, 439).

Die personalen oder individuellen Ziele und die organisationalen Ziele können kompatibel, komplementär, neutral, konfliktär oder sogar antagonistisch sein. Die zentrale Aufgabe des Managements besteht – wie bereits dargelegt – in der Vermittlung von organisationalem Sinn, in der Erzeugung von organisationaler Identität, in einer effizienten und effektiven Erreichung der vorgegebenen oder vereinbarten Organisationsziele, möglichst unter Berücksichtigung und Nutzung der Individualziele und in einer optimalen Erfüllung des primären Organisationszwecks.

Die besondere Bedeutung der Zieldefinition und Zielentscheidung für Organisationen ergibt sich insbesondere dadurch, dass durch Formulierung der Zieldimensionen – Zielinhalt, Zielausmaß und zeitlicher Bezug – die nachfolgenden Entscheidungs- und Realisationsprozesse ausgerichtet werden (vgl. Macharzina & Wolf, 2008, 201 ff.).

Zudem dienen Ziele und Zielerreichung als Maßstab für den Organisations- oder Unternehmenserfolg. So gesehen kann die Formulierung von Zielen im Sinne eines zukünftigen angestrebten Zustandes der Realität als eine Grundfunktion von Organisationen oder Unternehmen bezeichnet werden (vgl. dazu ausführlich Macharzina & Wolf, 2008, 201 ff.).

7.1 Die Steuerung über Ziele als Basis des neuen Verwaltungsmanagements

Der klassische Ziel-Ansatz, der noch einem eher maschinellen Kybernetikverständnis erster Ordnung entspricht, setzt – Im Sinne der Regelkreislogik – klar definierte, weitestgehend operationalisierte und verbindliche Organisationsziele voraus. Organisationserfolg und damit auch – zumindest mittelbar – Managementerfolg entsprechen dem Ausmaß oder dem quantitativ messbaren Grad der Zielerreichung. Der Ziel-Ansatz entspricht aber auch mit einer etwas anderen Ausrichtung den Erkenntnissen der modernen Arbeitspsychologie. In der Forschung zur Motivations- und Handlungspsychologie ist unbestritten, dass Ziele das Handeln eines Menschen bestimmen. Nach der Zielsetzungstheorie oder der Zieltheorie der Arbeitsmotivation – in Anlehnung an Locke – motivieren spezifische und anspruchsvolle Ziele zu besseren Leistungen und führen bei einem entsprechenden Feedback durch den Vorgesetzten im Zielerreichungsfall zu Erfolgserlebnissen. Erfolgserlebnisse sind in der Arbeitspsychologie unbestritten ein hoher Motivator. Ziele geben dem Handeln einen Sinn und eine Ausrichtung, zielloses Handeln dagegen führt zu Orientierungslosigkeit, Passivität und Lethargie und begünstigt den so genannten „Dienst nach Vorschrift". In diesem Zusammenhang ist es von besonderer Bedeutung und durchaus besorgniserregend, dass nach mehr als zwei Jahrzehnten Verwaltungsreform viele Beschäftigte der öffentlichen Verwaltung – einschließlich vieler Führungskräfte – im Rahmen von Mitarbeiterbefragungen und Veränderungsworkshops immer noch angeben, über die Ziele ihrer Organisation oder ihrer Arbeitseinheit sowie über den Sinn und Zweck und die Notwendigkeit der Neuen Steuerungsinstrumente im Kontext der Staats- und Verwaltungsreform nicht ausreichend informiert zu sein.

7.1.1 Einordnung der Zielsetzungstheorie

Die Zielsetzungstheorie ist eine psychologische Handlungsregulations- bzw. Motivationstheorie, die die Arbeit in Organisationen fokussiert. In den späten 60er Jahren stellte Locke (1968, 157 ff.) die These auf, dass die Absicht, ein bestimmtes Ziel zu erreichen, einen wesentlichen Bestandteil der Arbeitsmotivation darstelle. Das Wissen um die bestimmenden Elemente für die Entstehung von Arbeitsmotivation und um ihre Wirkung kann dazu genutzt werden, wissenschaftlich fundierte Maßnahmen zur Förderung von Arbeitsmotivation zu entwickeln und in Organisationen anzuwenden. Dabei gehört es zum Selbstverständnis der hier dargestellten Theorieansätze, dass die Erkenntnisse der Motivationspsychologie nicht nur zum Nutzen der Organisationen, sondern im gleichen Maße auch zum Wohle der einzelnen Mitarbeiter eingesetzt werden.

7.1.2 Grundannahmen der Zielsetzungstheorie

Der leistungsfördernde Einfluss von Zielsetzungen wurde in der psychologischen Forschungspraxis so deutlich nachgewiesen, dass ihm mittlerweile der Rang einer abgesicherten, psychologischen Gesetzmäßigkeit zukommt. Einen Überblick über die empirischen Befunde geben Locke und Latham (1990a), Mento, Steel und Kerren (1987, 52 ff.), Tubbs (1986, 474 ff.) sowie Wood, Mento und Locke (1987, 410 ff.). Die Grundannahme der Forschungsarbeiten besteht darin, dass bewusstes menschliches Verhalten zweckgerichtet und durch individuelle Ziele reguliert ist. Insofern steuern Ziele menschliches Handeln. Ihnen kommt eine starke Handlungs- und Orientierungsfunktion zu (Macharzina & Wolf, 2008, 205).

Der Zielbegriff wird in der Zielforschung bislang nicht einheitlich verwendet. Trotz einer feststellbaren inhaltlichen Konvergenz bei Definitionen des Zielbegriffs bleibt die Abgrenzung gegenüber ähnlichen Begriffen nach wie vor unbefriedigend (vgl. Macharzina & Wolf, 2008, 205). In Anlehnung an Locke und Latham kann man unter „Zielen“ bewusste Vornahmen (Vorsätze) der Personen verstehen, die sich auf zukünftige, von ihr angestrebte Handlungsresultate beziehen, welche in der Regel außerhalb des Individuums liegen (Locke & Latham, 1990a). Das Wort „Ziel“ gehört etymologisch zu dem Wort „Zeit“ und erhielt im Laufe der Entwicklung eine Bedeutung von räumlichem und zeitlichem Endpunkt (Kleinbeck & Kleinbeck, 1998, 101 ff.). In diesem Sinne versuchen Personen individuen-spezifische Punkte in Raum und Zeit zu erreichen.

Die Zielsetzungstheorie entwickelte sich seit 1980 induktiv aus mehreren hundert empirischen Untersuchungen (Kleinbeck & Schmidt, 1996, 875 ff.). Darin wurden zwei grundlegende Befunde von Locke und Latham immer wieder bestätigt:

1. Schwierige, herausfordernde Ziele führen zu besseren Leistungen als mittlere oder leicht zu erreichende Ziele.
2. Herausfordernde und präzise, spezifische Ziele führen zu besseren Leistungen als allgemeine, vage Ziele („do your best goals").

Diese Basisbefunde sind jedoch alleine nicht in der Lage, die Wirkung spezifischer Zielsetzung auf die Leistung und damit auch mögliche leistungssteigernde Effekte durch Zielsetzung zu erklären. Der Zusammenhang zwischen Zielsetzung und Leistung wird durch eine Reihe interagierender Bedingungen beeinflusst, die sich nach dem „High Performance Cycle" von Locke und Latham in zwei Gruppen teilen lassen: Mediatoren und Moderatoren.

Als Mediatoren bezeichnet man Wirkmechanismen, die den direkten Effekt von Zielen auf die Umsetzung in Handlungen betreffen. Ziele wirken direkt auf die Ausrichtung, Anstrengung und Ausdauer des Handelns. Außerdem stimulieren Ziele die Entwicklung von aufgabenspezifischen Lösungsstrategien und wirken damit indirekt auf das Handeln ein (vgl. Staehle, 1999, 238 ff.).

Moderatoren beeinflussen den Grad der Beziehung zwischen Zielen und den durch sie angeregten Handlungen. Sie haben einen Einfluss auf die Stärke der Wirkung der Ziele. Als die wichtigsten Moderatoren sollen im Folgenden die Zielbindung, Selbstwirksamkeit, Feedback und Aufgabenkomplexität beschrieben werden. Daneben gibt es jedoch noch zahlreiche andere Moderatoren, die Feld weiterer empirischen Forschungen sind.

7.1.2.1 Zielinhalt

Mit dem Begriff Zielinhalt wird die sachliche Festlegung dessen bezeichnet, was angestrebt wird (Macharzina & Wolf, 2008. 204). Es handelt sich beim Zielinhalt oder Zielobjekt um einen Teilbereich der Realität, über den normative Aussagen gemacht werden (Staehle, 1999, 440). Der Zielinhalt stellt ein sachliches Zielelement dar (Staehle, 1999, 440). Weitere Zielelemente sind die Zieleigenschaften, die Zielmaßstäbe, der zeitliche Bezug sowie das Zielniveau oder Zielausmaß. Das Zielausmaß legt in absoluter oder relativer Form das im Hinblick auf den Zielinhalt verfolgte Anspruchsniveau fest (vgl. Macharzina & Wolf, 2008, 204).

Im Zusammenhang mit dem Zielinhalt standen vor allem die Schwierigkeit und Spezifität der Ziele im Mittelpunkt des Forschungsinteresses. Es wurde ein linearer Zusammenhang zwischen der Zielschwierigkeit und der Leistung festgestellt. Setzt man eine entsprechende Befähigung und Zielbindung voraus, steigt die Leistung des Mitarbeiters in dem Maße, in dem die Zielschwierigkeit zunimmt (Zielschwierigkeitseffekt). Ab einem gewissen Punkt ist jedoch eine Leistungsobergrenze erreicht. Aufgrund von Motivationsverlusten bei Nichterreichen der Ziele ist ab diesem Punkt mit einer Abnahme der Leistung bei weiterer steigender Schwierigkeit zu rechnen.

Unter Zielspezifität versteht man organisationsbezogen eine klare und eindeutige Beschreibung des konkreten Ziels, hinsichtlich seines Inhaltes, Ausmaßes und zeitlichen Bezugs. Spezifische und herausfordernde Ziele führen zu höherer Leistung als nur vage formulierte Ziele. Begründet wird dieser Effekt durch die Möglichkeit, anhand der Spezifität der Ziele eine erfolgreiche Erfüllung messbar zu machen. Dies ermöglicht dem Mitarbeiter eine eindeutige Festlegung der Handlungswahl. Bei nur vagen Zielen kann eine Konkurrenz zwischen verschiedenen Handlungsmitteln auftreten, so dass eine genaue Bewertung kaum noch möglich ist.

7.1.2.2 Zielbindung

Im Hinblick auf die Zielintensität wurde hauptsächlich die Zielbindung erforscht. Locke und Latham verstehen darunter das Ausmaß, in dem sich eine Person dem Ziel gegenüber verpflichtet fühlt, sich mit ihm identifiziert und es auch bei Hindernissen und Rückschlägen weiter verfolgt. Diese Zielverpflichtung wird im Zielsetzungsprozess in zweierlei Hinsicht wirksam. Zum einen hat sie einen direkten Effekt auf die Leistung. Es wurde in diesem Zusammenhang herausgefunden, dass eine hohe Zielbindung bei konstant schwierigen Zielen zu einer höheren Leistung führt, als eine niedrige Zielbindung, da bei dieser schwierige Ziele schneller aufgegeben werden. Bei leichten Zielen hemmt eine hohe Zielbindung die Leistung eher, da sie davon abhält ein höheres Ziel zu erreichen. Zum zweiten wirkt die Zielbindung als Moderator der Zielsetzungswirkung.

7.1.2.3 Moderatoren

Bei hoher Zielbindung besteht ein enger Zusammenhang zwischen der Leistung und der Zielschwierigkeit. Bei geringer Zielbindung ist dagegen kein Zusammenhang feststellbar. So kann die Zielbindung als die eigentlich motivierende Kraft angesehen werden. Damit wird gleichzeitig die forschungsrelevante Frage aufgeworfen, welche Aspekte für die Entstehung von Zielbindung verantwortlich sind.

Es wurde angenommen, dass der Grad der Partizipation des Mitarbeiters bei der Zielfestlegung eine wesentliche Rolle spielt. Wenn der Mitarbeiter mit über die Ziele entscheiden könnte, sollte er sich auch stärker an die Ziele gebunden fühlen. Empirischen Untersuchungen zufolge führen partizipative Zielvereinbarungen zu einer höheren Zielbindung als reine Zielvorgaben. Jedoch konnten nach Locke und Latham keine Unterschiede bei der Zielbindung zwischen Zielvereinbarungen und sogenannten „tell and sell"-Zielen festgestellt werden. Bei „tell and sell"-Zielen ist das Ziel zwar vorgegeben („tell"), es wird aber auch begründet und seine Relevanz erläutert („sell"). Bisher ist noch nicht ausreichend geklärt worden, warum „tell and sell"-Ziele genauso wirksam sind wie Zielvereinbarungen. Ein Erklärungsansatz ist, dass der Einfluss der Führungskraft eine erhebliche Rolle spielt. Ziele, die von so genannten „anerkannten Autoritäten" vorgegeben werden, werden von den Organisationsmitgliedern als verpflichtend erlebt. Wesentlich scheint dabei zu sein, dass diese Autoritäten weisungsbefugt sind und über Möglichkeiten der Belohnung oder Bestrafung verfügen. Zusätzlich ist ein gewisses Vertrauensverhältnis zwischen Mitarbeiter und Führungskraft erforderlich, so dass der Mitarbeiter der Führungskraft Glauben schenkt, wenn ihm die Notwendigkeit der Zielerreichung erläutert wird. Auch in diesem Kontext spielt die Authentizität und Glaubwürdigkeit der Führungskraft eine erhebliche Rolle. Außerdem darf das gesetzte Ziel den Mitarbeiter nicht überfordern. Dies würde sich negativ auf die Anerkennung der Autorität der Führungskraft auswirken und die Zielbindung eher herabsetzen (Nerdinger, 1995). Ebenfalls förderlich für die Zielbindung des Mitarbeiters sind – in Anlehnung an Locke und Latham – die physische Präsenz des Vorgesetzten, seine vom Mitarbeiter wahrgenommene Kompetenz und Unterstützung bei der Zielerreichung sowie die dem Mitarbeiter entgegengebrachte Sympathie.

Neuere Metaanalysen zeigen, dass Locke und Latham nicht vollständig „richtig liegen", wenn sie behaupten, die Partizipation hätte kaum motivationale Leistungsvorteile beim individuellen Leistungshandeln (vgl. Wegge, 2004, 234 ff.). Dies gilt auch für den Vergleich von „tell and sell" Zielen und vereinbarten Zielen. Ein substanzieller Einfluss bei der Festlegung von Leistungsstandards erhöht klar die Zielbindung, was insbesondere bei schwierigen Zielen wiederum die Leistung fördert. Sogar neuere Arbeiten von Locke selbst stützen diese Aussage. Roberson, Moye und Locke (1999, 585 ff.) fanden mit Blick auf die Gerechtigkeitsurteile deutliche Vorteile partizipativer Zielbildungstechniken. Neben den bekannten motivationalen (weniger Reaktanz, höhere Zielbindung, stärkere Arbeitsmotivation) und kognitiven Argumenten (bessere Planung und Koordinierung durch Wissensaustausch) treten zwei neue Erklärungsstränge wie die Wirkungen positiver und negativer Emotionen und günstige Vorbedingungen wie gegenseitiges Vertrauen und gezieltes Konfliktmanagement (vgl. Wegge, 2004, 243 ff.).

Der Prozess der Zielbindung stellt sich so dar, dass vereinbarte oder gesetzte Ziele die persönlichen Ziele des Mitarbeiters beeinflussen, die wiederum einen Effekt auf sein Leistungsverhalten haben (Nerdinger, 1995, 1 ff.). Bandura (1991, 69 ff.) konnte vielfach empirisch nachweisen, dass sowohl persönliche Ziele als auch das Leistungsverhalten von Mitarbeitern durch aufgabenspezifisches Selbstvertrauen beeinflusst werden. Darunter versteht er den Glauben eines Menschen, über die Fähigkeit zur Kontrolle des eigenen Handelns zu verfügen, die zur Bewältigung zukünftiger Anforderungen erforderlich ist. Der Einfluss des Selbstvertrauens oder auch als Moderator „Selbstwirksamkeit" genannt, zeigt sich in zweifacher Weise: Zum einen wählen Mitarbeiter mit hoher Selbstwirksamkeit mit größerer Wahrscheinlichkeit schwierigere Ziele als leichtere. Zum zweiten beeinflussen Zielsetzungen die Selbstwirksamkeit und damit das Leistungsverhalten in der Art, dass Mitarbeiter, denen herausfordernde Ziele gesetzt wurden, eine höhere Selbstwirksamkeit aufweisen als Mitarbeiter mit einfachen Zielen, da das Setzen von schwierigen Zielen ein Ausdruck des Vertrauens in die Leistungsfähigkeit des Mitarbeiters darstellt.

Ein weiterer wesentlicher und gut erforschter Moderator besteht in dem Feedback über die Leistung des Mitarbeiters. In verschiedenen Studien konnte belegt werden, dass Feedback ohne Zielsetzung keine Wirkung auf die Leistung hat, aber die Wirkung herausfordernder und spezifischer Ziele auf die Leistung deutlich verstärkt (Kleinbeck & Schmidt, 1996, 875 ff.). Zunächst informiert Feedback lediglich über Handlungen des Mitarbeiters sowie über die Handlungsergebnisse in der Umwelt. Diese informative Funktion wirkt insofern leistungsfördernd, als das Wissen um die Ergebnisse einer Handlung zur Einschätzung und gegebenenfalls Korrektur eigenen Verhaltens genutzt werden kann. Darüber hinaus hat Feedback auch eine motivierende Funktion. Die Kenntnis eines zuvor erzielten Leistungsergebnisses kann vorhandene Motivierungstendenzen auf dem Wege zur Erreichung des Ziels aufrechterhalten oder sogar noch verstärken. Hierzu benötigt der Mitarbeiter spezifische Ziele als Soll-Größen. Je konkreter und spezifischer diese Ziele sind, desto eindeutiger kann eine Bewertung, ein Feedback hinsichtlich der Ergebnisrückmeldung ausfallen. Aufgrund eines regelmäßigen Feedbacks über den aktuellen Zielerreichungsgrad als Prozessrückmeldung kann der Mitarbeiter sein Leistungsverhalten permanent neu ausrichten und seine Lösungsstrategien anpassen (Kohnke, 2000, 35 ff.). Die Kenntnis der bisher erbrachten (Teil-) Leistungen halten vorhandene Motivationstendenzen auf dem Weg zur Zielerreichung aufrecht oder verstärken sie, wenn der Mitarbeiter mit seiner Leistung nicht zufrieden ist und sich selbst das Ziel setzt, die bisherige Leistung zu steigern (vgl. dazu ausführlich Nerdinger, 1995, 1 ff.).

Zusammenfassend lässt sich sagen, dass Feedback in Verbindung mit spezifischen Zielsetzungen die Leistung erhöht, jedoch ohne spezifizierte Soll-Größen keinen entsprechenden Effekt auf die Leistung hat. Andersherum zeigte sich jedoch auch, dass Zielsetzungen ohne Feedback genauso ineffektiv sind. Ein Zusammenspiel sämtlicher Faktoren erbrachte die höchsten Effekte auf die Leistung (vgl. dazu auch Staehle,1999, 236 ff. m.w.Nw.).

Die Aufgabenkomplexität wurde als ein weiterer Moderator intensiv untersucht. Die Komplexität von Aufgaben lässt sich anhand einer Taxonomie von Wood (1986, 60 ff.) einstufen, die folgende Dimensionen berücksichtigt: Die Anzahl der Aufgabenelemente, ihre Interdependenz (Anzahl und Art der Beziehungen zwischen den Elementen) sowie ihre Dynamik (Anzahl der Änderungen). Wood, Mento und Locke (1987, 426 ff.) konnten in einer Metaanalyse herausfinden, dass weniger komplexe Aufgaben zu besseren Ergebnissen führen, als komplexere Aufgaben. Begründet wurde dieses Ergebnis damit, dass für komplexe Aufgaben zunächst spezifische Lösungsstrategien erarbeitet werden müssen, deren Qualität erheblichen Einfluss auf die Leistung hat. Bei einfachen Aufgaben sind die erfolgreichen Lösungsstrategien im Regelfall bereits bekannt und können unmittelbar eingesetzt werden. Die moderne Informations- und Kommunikationstechnik nutzt diese Erkenntnis, indem sie durch vorgegebene, standardisierte Lösungen den Leistungserstellungsprozess der Mitarbeiter optimiert. Tatsächlich lassen sich über die IT-geführte Partellierung der Geschäftsprozesse in einzelne, genau definierte und miteinander verknüpfte Aufgabenschritte sowie durch eine festgelegte Definition von Rollen (Aufgabenträger) die Anzahl der Aufgabenelemente, ihre Interdependenz sowie ihre Dynamik und dadurch die Komplexität von Aufgaben erheblich reduzieren.

Fraglich und damit Feld für künftige Forschungen bleibt jedoch die Wirksamkeit (Effektivität) der Aufgabenerledigung. Insbesondere bei marktfähigen Dienstleistungen, wie Personaladministration, Beschaffung, Liegenschaften, Rechnungswesen sind vielfältige Faktoren in Lösungsstrategien einzubeziehen. Standardisiert ablaufende Prozesse, ohne Möglichkeiten einer zeitnahen Anpassung und Modifizierung, können neuartige und effektivere Lösungsstrategien gegebenenfalls nicht berücksichtigen, so dass die Prozessbearbeitung dauerhaft einer vorgedachten Logik sowie Statik unterliegt. Eine Organisationsentwicklung in Form der so genannten „lernenden Organisation“ wird auf diese Weise der it-gestützten Arbeitserledigung nicht unbedingt erleichtert. Spezifische Lösungen, die im Wege einer permanenten Optimierung der Prozesse erarbeitet werden, können von der IT nicht immer umgesetzt werden, da dies mit der angestrebten behörden- oder sogar ressortübergreifenden Einheitlichkeit der Prozesse nicht mehr vereinbar ist. Zudem sind eine regelmäßige Anpassung und Weiterentwicklung der Informations- und Kommunikationstechnik sowie eine permanente Modifizierung der Standards kaum noch finanzierbar. Zielfelder wie Adressaten- und Mitarbeiterorientierung können bei dieser Form der Aufgabenerledigung in der Wirkung zukünftig wieder deutlicher in den Hintergrund treten. Bei einer erwarteten höheren Flexibilität der öffentlichen Verwaltungen und einer immer effektiveren und effizienteren Aufgabenerledigung können zu stark standardisierte und zu komplexe und oftmals nutzerferne IT-Verfahren der gewünschten Modernisierung und Entbürokratisierung durchaus entgegenstehen.

Ein besonderes Problem entsteht dann, wenn als Basis einer umfassenden IT-Unterstützung Prozesse aus der Sicht der Nutzer oder Anwender definiert werden, die nicht zuvor einer grundlegenden Optimierung und Restrukturierung unterzogen wurden. Diese Prozesse spiegeln dann lediglich den Ist-Zustand mehr oder weniger effizienter Arbeitsabläufe und Handlungsroutinen wider. Man „optimiert“ it-technisch letztlich auf einer insgesamt suboptimalen Grundlage. Eine zielführende und professionelle Optimierung und Restrukturierung sämtlicher Geschäftsprozesse stellt eine fachlich nicht nur ausgesprochen komplexe Aufgabe dar, sie bedarf auch einer aktiven Mitwirkung von IT- und Organisationsfachleuten sowie von den Organisationsmitgliedern, die die Prozesse später in der Praxis umsetzen sollen. Im Rahmen einer partizipativ angelegten, professionell begleiteten Geschäftsprozessoptimierung und Modellierung mit dem Ziel einer gemeinsamen Definition der notwendigen Anwenderanforderungen an die spätere IT-Umsetzung lassen sich organisationale Lernprozesse sehr gut initiieren. Die intensive Auseinandersetzung der Beschäftigten mit den bestehenden Abläufen und Schnittstellen, das Hinterfragen von Routinen und Zuständigkeiten und die Definition modifizierter Prozesse und Strukturen führt zu einer aktiven Rolle der Betroffenen und damit zu einer erhöhten Lern- und Entwicklungsbereitschaft sowie zu einer höheren Akzeptanz der Verfahren.

Neben den bereits genannten – für die Forschung wichtigsten Moderatoren – gibt es noch weitere Moderatoren, die den Zusammenhang zwischen Zielen und Leistung beeinflussen. Situationale Zwänge, zum Beispiel in Form fehlender Ressourcen, können die Umsetzung der Ziele in Leistungen erheblich erschweren, wenn nicht sogar unmöglich machen. Die Persönlichkeit des Mitarbeiters spielt eine wichtige Rolle. Nicht jede Person lässt sich auf gleiche Weise durch Zielsetzungen beeinflussen. Dies ist unter anderem abhängig von der Leistungsorientierung, dem individuellen Denkmuster und der Tendenz erfolgs- oder misserfolgsorientiert zu attribuieren (vgl. dazu ausführlich Kleinbeck, 1996, 1 ff.). Fähigkeiten und Fertigkeiten eines Mitarbeiters definieren den Spielraum, in dem Variationen der Zielsetzung mit Leistungssteigerungen einhergehen. Um diesen Spielraum zu verbreitern, lassen sich – in Anlehnung an Latham – zielrelevante Trainingsmaßnahmen einsetzen, um das Leistungshandeln direkt zu verbessern und die Selbstwirksamkeit zu erhöhen, was wiederum Effekte auf die Zielbindung und das Leistungshandeln hat.

Als Weiterentwicklung der Zielsetzungstheorie vertritt Braun (1998, 317 ff.) mit seinem „Modell der aktiven Anpassung" die Auffassung, dass effektives und effizientes Handeln in einer Organisation umso besser gelingt, je besser sich eine Person mit den Strukturen und Gewohnheiten der Organisation auskennt. Diese fundamentale Erkenntnis gilt natürlich auch für Führungskräfte und sonstige Organisationsmitglieder sowie für Organisationsberater. Insbesondere für die Dienstleistungsqualität vieler verwaltungsexterner Berater, die ausschließlich mit den in der Privatwirtschaft gewonnenen Erfahrungen und Erkenntnissen in Reformprojekte der öffentlichen Verwaltung eingebunden werden, wäre eine genauere Kenntnis der behördenspezifischen Strukturen und Prozesse sowie der besonderen Kontextfaktoren und Anforderungen sicherlich von Vorteil.

7.1.2.4 Mediatoren

Ein Wirkmechanismus, wie Ziele das Leistungshandeln beeinflussen, ist die Willensanstrengung, die jemand unternimmt, um bestimmte Ziel zu erreichen. Je schwieriger das angestrebte Ziel ist, desto größere Anstrengungen wird ein Mitarbeiter im Regelfall unternehmen, um im Sinne der Zielerreichung erfolgreich zu sein. Dies ist die wesentliche Erklärung für die Wirkung herausfordernder Ziele. Dieser Zusammenhang wird auch als „Schwierigkeitsgesetz der Motivation" bezeichnet (vgl. Staehle, 1999, 236 ff. m.w.Nw.). Danach regulieren Menschen die Intensität ihres Handelns entsprechend der Aufgabenschwierigkeit. Diese Erkenntnisse der Motivationsforschung werden bei der Definition und Gestaltung von Arbeitsprozessen und deren Standardisierung häufig nicht in ausreichendem Maße berücksichtigt. Je höher der Standardisierungsgrad von Arbeitsabläufen oder die Unterstützungsfunktion von IT-Systemen im Sinne einer stringenten Nutzerführung ist, desto geringere Spielräume verbleiben den Mitarbeitern. Sie müssen häufig keine eigenen intellektuellen Anstrengungen mehr aufbringen oder können keine eigenen Entscheidungen mehr treffen. Ohne Anstrengung wird die aufgabenspezifische Selbstwirksamkeit der Mitarbeiter nicht die persönlichen Leistungsziele der Mitarbeiter positiv beeinflussen. Die Leistungspotentiale der Beschäftigten können nicht mehr in dem möglichen Umfang durch herausfordernde spezifische Ziele ausgeschöpft werden. Dies gilt insbesondere dann, wenn gut ausgebildete, eigenverantwortlich handelnde Organisationsmitglieder auf eine stark „pfadabhängige" Arbeitswirklichkeit treffen. Eine lernende Organisation kann sich unter diesen Voraussetzungen nicht mehr richtig entwickeln. Es treten stattdessen Stagnation und eine Fossilierung der bestehenden Strukturen und Prozesse ein. Die Systemmitglieder bewegen sich nur noch auf den vorgegeben und bereits „ausgetretenen" Pfaden, ohne die Routinen zu hinterfragen und nötigenfalls einer veränderten Wirklichkeit anzupassen.

Ein weiterer Mediator als Wirkmechanismus der Zielsetzung ist die Ausdauer, mit der Personen Anstrengungen über einen längeren Zeitraum und gegen möglicherweise auftretende Widerstände aufrechterhalten. Die Ausdauer ist bei herausfordernden und spezifischen Zielen größer, als bei einfachen oder unspezifischen Zielen. Dies gilt allerdings nur, wenn keine zeitliche Beschränkung zur Erreichung des Ziels vorgegeben wurde. Bei zeitlichen Limits arbeiten Mitarbeiter den Untersuchungsergebnissen zufolge schneller oder intensiver, um die Ziele zu erreichen. Hier kann es – in Anlehnung an die Erkenntnisse von Locke und Latham – zu Zielkonflikten zwischen Ausdauer und Anstrengung kommen, da Mitarbeiter die Intensität ihres Einsatzes mit der Dauer verrechnen, um ihre Leistungsfähigkeit aufrecht zu erhalten.

Es gehört im Rahmen der Fürsorge und der Mitarbeiterorientierung zu den zentralen Aufgaben einer Führungskraft darauf zu achten, dass keine gesundheitsschädigende Überlastung der Beschäftigten wegen zu langer intensiver und anstrengender Aufgabenerledigung eintritt. Die drei gerade beschriebenen Mediatoren wirken direkt und automatisch bei entsprechender Zielsetzung. Darüber hinaus haben Ziele auch noch einen indirekten Einfluss auf die Leistung, denn sie wirken mittelbar durch aufgabenbezogene Pläne und Strategien der Beschäftigten auf das Leistungshandeln ein. Diese werden entwickelt, um ein Ziel mit geringerer Anstrengung zu erreichen.

7.1.3 Forschungsstand zur Zielsetzungstheorie

In der Zielsetzungstheorie hat der organisationale Kontext insgesamt bisher viel zu wenig Beachtung erfahren. Leistungshandeln spielt sich nicht im sozialen Vakuum ab, sondern in Organisationen, das heißt in sozialen Systemen mit bestimmten Strukturen und definierten Abläufen, Regeln, Normen, Werten und Zuständigkeiten. Es stellt sich somit die Frage der Übertragbarkeit der empirischen Ergebnisse auf den organisationalen Kontext.

Die Zielsetzungstheorie greift nur einen kleinen Teil dessen heraus, was in psychologischen Modellen der Handlungsregulation insgesamt thematisiert und erforscht wird. Die starke Fokussierung auf die Leistungsergebnisse impliziert, dass gesundheitliche Aspekte oder Hilfeverhalten bei der Arbeit weitgehend ausgeblendet werden (Griffin, Neal & Neale, 2000, 517 ff.).

Die Zielsetzungstheorie macht kaum Aussagen zur hierarchischen Organisation menschlichen Handelns, wie die nicht bewusstseinspflichtige automatisierte Regulation, die bewusstseinsfähige wissensbasierte Regulation und die bewusstseinspflichtige intellektuelle Handlungsregulation im Sinne von Hacker (1998).

Weitere Probleme bei der Anwendung der Zielsetzungstheorie in der Praxis ergeben sich aus dem Fehlen von objektiven Kriterien zur Bestimmung der Schwierigkeit oder Spezifität eines Ziels sowie der fehlenden Aussage über die Richtigkeit und der Operationalisierbarkeit von Zielen. Auch auftretende Zielkonflikte bei mehreren Zielen sind noch nicht ausreichend erforscht.

Trotz der vorgebrachten Kritikpunkte lässt sich die Theorie der Zielwirkung als anwendungsorientiertes Modell der Motivation beschreiben, das zwar im Wesentlichen auf einen kleinen Ausschnitt des gesamten Motivationsprozesses beschränkt bleibt, in diesem engen Bereich jedoch eine Fülle empirischer Ergebnisse theoretisch integriert und methodisch anreichert. Außerdem zeichnet sich dieser Forschungsansatz durch seine Anwendungsnähe aus. Die Zielsetzungstheorie hat eine hohe praktische Relevanz. Locke und Latham postulierten, dass Zielsetzung eine Motivationstechnik sei „that work's“. Ihre Aussagen thematisieren unmittelbar die leistungsbezogene Steuerung von Organisationen und können daher in Handlungsempfehlungen zur Steuerung durch Ziele einfließen.

7.1.4 Übertragbarkeit der Erkenntnisse der Zielsetzungstheorie auf eine Gruppe

Die Erkenntnisse zur Wirkung von Zielen wurden bisher hauptsächlich für individuelle Leistungssituationen gesammelt und die Zielsetzungstheorie auch überwiegend auf dieser Ebene formuliert. Verschiedene Studien konnten einen positiven Effekt auch bei schwierigen Gruppenzielen nachweisen (vgl. Wegge, 2004, 311 ff.). Die Parallelität der Befunde ist nach Wegge (2004, 311 ff.) deshalb gegeben, weil individuelle Leistungen und Gruppenleistungen oft recht hoch miteinander korrelieren, da sie sich strukturell und definitorisch relativ genau entsprechen.

Am Beispiel des so genannten Partizipativen Produktivitätsmanagements kann dargestellt werden, dass die Wirkfaktoren der Zielsetzungstheorie auf Gruppen übertragen werden können.

Das „Productivity Measurement and Enhancement System (ProMES)“, das sowohl eine Selbststeuerung durch die Mitglieder einer Arbeitsgruppe erlaubt, als auch die Veränderungen in der Produktivität abbildet, wurde von Pritchard (1990, 17 ff.) in den USA entwickelt. Im deutschsprachigen Raum ist dieses Instrument als „Partizipatives Produktivitätsmanagement“ (PPM) bekannt (Pritchard,1990, 24 ff.; Pritchard, Kleinbeck & Schmidt, 1993,15 ff.). PPM ist nicht auf der Suche nach der passenden Theorie (vgl. Wegge, 2004, 329 ff.), sondern entspricht den grundlegenden Erkenntnissen und Empfehlungen der „Zielsetzungstheorie“ und basiert auf der „Theorie des menschlichen Verhaltens in Organsiationen“ von Naylor, Pritchard und Ilgen (1980, 29 ff.). PPM bietet somit eine psychologisch fundierte Methode der Produktivitätssteuerung.

Seit seiner konzeptionellen Entwicklung Ende der 80er Jahre wurde PPM in über 100 verschiedenen Gruppen eingeführt, sowohl im Bereich der Produktion, der Dienstleistung – Polizei, Bibliothek, Krankenhaus – als auch im Bereich des Managements und der Verwaltung oder der Lehre an einer Universität (vgl. Wegge, 2004, 330 ff.). Die Methode unterliegt keinerlei Anwendungs- oder Branchenbeschränkungen. Bei Dienstleistungsorganisationen stehen anstelle der Produktivitätssteigerung häufig die Qualität der Leistungserbringung und hierauf aufbauend der Prozess der ständigen Verbesserung im Vordergrund (vgl. Hollmann, Schmidt & Trenckmann, 2001, 158 ff.).

Das PPM ist ein System, das speziell für die Messung und Steuerung der Produktivität konzipiert wurde (Pritchard, 1990, 21 ff.; Pritchard, Kleinbeck & Schmidt, 1993, 49 ff.). Es beinhaltet zwei wesentliche Komponenten:

1. Die Entwicklung des Messsystems mit dem die Produktivität der betrachteten Arbeitseinheit erfasst werden kann.
2. Die Verwendung dieses Instruments zu regelmäßigen Feedbackberichten und Feedbackgesprächen.

Der erste Schritt in der Entwicklung des Messsystems ist die Bestimmung von Aufgabenbereichen. Die Arbeitsgruppe muss klären, welche Aufgaben und Ziele ihre Tätigkeit umfasst. Die Auseinandersetzung mit diesem Punkt zwingt einerseits zur Klärung und Konzentration auf das Wesentliche und andererseits zur Erfassung aller relevanten Punkte im Überblick. Im zweiten Schritt erfolgt die Bildung der Messgrößen (Indikatoren). Mit diesen werden durch die Gruppe selbst bedeutsame Aspekte der Produktivität festgelegt und quantitativ erfasst. Somit wird für jeden Aufgabenbereich genau herausgearbeitet, worauf es bei der Aufgabenerfüllung ankommt. Die Indikatoren müssen sich durch Verständlichkeit, Validität und Kontrollierbarkeit durch die Gruppe auszeichnen, damit diese Informationen später zur Steuerung des eigenen Verhaltens genutzt werden können. Im dritten Schritt erfolgt die Festlegung von Bewertungsfunktionen. Mögliche Ausprägungen eines Indikators werden mit einer entsprechenden Bewertung in „Produktivitätspunkten“ (einer normierten Skala mit einem Maximum von 100 und Minimum von –100) versehen und als Funktionsverlauf dargestellt.

Der Weg zur Produktivitätssteigerung steht in der Eigenverantwortung der Organisationseinheit. In der Anwendungsphase des entwickelten Messsystems wird in regelmäßigen moderierten Rückmeldesitzungen den Mitgliedern der Gruppe und ihren Vorgesetzten ein Feedback in Form eines Berichtes über die erreichten und bewerteten Leistungen gegeben. Hierbei werden die Bezüge zwischen Handlungsmöglichkeiten der Gruppe und Ergebnissen, die sich im Messsystem widerspiegeln, hergestellt und dadurch eine Steuerung der eigenen Produktivität ermöglicht. Das Feedback ist nach den Erkenntnissen der Zielsetzungstheorie der Grund für eine höhere Zielbindung und damit für die Leistungsverbesserung ohne Beanspruchungssteigerung.

Charakteristisch für PPM sind zwei Aspekte: Zum einen wird großer Wert auf die Partizipation aller Beteiligten gelegt, was im Regelfall zu einer deutlich höheren Akzeptanz der Organisationsmitglieder führt. Sie legen weitestgehend eigenverantwortlich Aufgabenbereiche und Indikatoren fest, entwickeln die Bewertungsfunktionen und haben dies dem Management gegenüber zu vertreten. Zum anderen werden wesentliche Erkenntnisse aus der motivationspsychologischen Forschung berücksichtigt und in das System integriert, wie zum Beispiel die Klärung aller Zusammenhänge zwischen eigener Handlung, deren Ergebnissen und Bewertung bis hin zu den damit verbundenen Folgen oder die Forderung nach weitest gehender Kontrollierbarkeit aller Messgrößen durch die Mitarbeiter selbst, wodurch selbstregulative Prozesse mit entsprechenden Möglichkeiten der Bildung und Überprüfung von Handlungsstrategien ermöglicht werden (vgl. Hacker & Richter, 1990, 125 ff.). Durch die Berücksichtigung grundlegender Forschungserkenntnisse werden sowohl die Arbeitsmotivation als auch die Möglichkeiten zur Handlungssteuerung und nachhaltigen Produktivitätsverbesserung der Mitarbeiter positiv beeinflusst. Dies bestätigen durchgängig die vorliegenden Befunde zu PPM Projekten (vgl. dazu Kleinbeck & Fuhrmann, 2000, 596 ff.).

Zusammenfassend lässt sich PPM als Methode der Produktivitätssteigerung durch Mitarbeiterbeteiligung in Form eines Mess- und Rückmeldungssystems erklären. PPM stellt eine Methode dar, die geeignet ist, die scheinbar konträren Ziele einer Organisation, sich selbst effizienter und die Arbeitsplätze humaner zu gestalten, zu vereinen. Der nicht unerhebliche Zeitaufwand, der bei der Entwicklung eines PPM Systems und den anschließenden Feedbacksitzungen entsteht, zahlt sich nach den derzeit vorliegenden Befunden in Form einer spürbaren und nachhaltigen Produktivitätssteigerung aus (Kleinbeck & Fuhrmann, 2000, 596 ff.).

Neben der starken Wirksamkeit von PPM in verschiedenen organsiationalen Kontexten hat die Feldforschung festgestellt, dass sich PPM Systeme dann leichter entwickeln lassen und effizienter sind, wenn die Gruppenstrukturen relativ stabil sind, wenn in der Organisation ein Grundkonsens über die organisationalen Ziele besteht und wenn hinreichend komplexe Aufgaben zu erfüllen sind. In organisationalen Umbruchsituationen, bei sehr geringen Partizipationswünschen der Mitarbeiter, bei mangelnder Passung zu anderen Feedbacksystemen der Organisation (Lohnsystem, Prozesssteuerungssystem, Führungsverhalten des Vorgesetzten) und auch bei „ungeschickter" Moderation wirkt PPM weniger gut. Eine systematische Zusammenstellung über wichtige Kontextbedingungen für den Erfolg oder Misserfolg von PPM finden sich in der Fallstudiensammlung von Pritchard (1995).

Forschungsschwerpunkte bei der Anwendung von PPM liegen bei der erfolgreichen Anwendung, bei der Produktivitätssteigerung, bei den technologischen Modifikationen, bei Validitätsprüfungen des PPM Messsystems sowie bei explorativen und theoriegeleiteten Untersuchungen psychischer Prozesse (Holling, Lammers & Pritchard, 1999, 45 ff.). Zur Weiterentwicklung der PPM Methode konzentrieren sich einige Veröffentlichungen sowohl auf die Einbettung verwandter Methoden (z.B. „Statistical Process Control"), wie auch auf die Entwicklung einer präziseren theoretischen Einbettung der Komponenten und Wirkfaktoren von PPM, wobei regelmäßig die empirische Überprüfung der Weiterentwicklungen fehlt. Als gesichert kann nach den bisherigen Ergebnissen die prinzipielle Anwendbarkeit von PPM zu Zwecken der Produktivitätserhöhung betrachtet werden.

Zum zentralen Wirkfaktor von PPM – seinem Mess- und Rückkopplungssystem – lassen sich geeignete Zielvereinbarungs- und Anreizsysteme unterstützend heranziehen, um die Förderung der Arbeitsmotivation zu verstärken (Holling, Lammers & Pritchard 1999,106 ff.).

7.1.5 Steuerung durch Ziele im Kontext des systemischen Managementansatzes

Der systemische Managementansatz, dem ein umfassenderes Kybernetikverständnis 2. Ordnung zu Grunde liegt, erweitert den Ziel-Ansatz um die Beziehungen zwischen der Organisation und der Organisationsumwelt, um die Technologie im Sinne des Transformationsprozesses (systemspezifische Umwandlung des Inputs in einen Output), um die Fähigkeit des Systems zur Beschaffung des Inputs sowie um die Fähigkeit, durch die Gestaltung von Strukturen, Prozessen, Steuerung und Führung eine notwendige interne Systemstabilität zu erhalten.

Es ist erstaunlich, dass dem Neuen Steuerungsmodell in seiner verwaltungspraktischen Ausprägung – dies gilt in besonderem Maße für das Verwaltungscontrolling und eine stark quantitativ ausgerichtete Wirkungsmessung – immer noch ein eher vereinfachtes Kybernetikverständnis mit klar definierten und messbaren Soll-Ist-Größen zu Grunde liegt. Die aktuell angewendeten Varianten von Zielsteuerungen repräsentieren vor allem organisationsstrategische Controllinginstrumente, die nur noch partiell mit dem ursprünglichen Gedanken übereinstimmen, Zielvereinbarungen auch als Personalführungsinstrument einzusetzen. Zielvereinbarungen finden nicht (mehr) auf allen Hierarchieebenen statt, um alle Beschäftigten zu unternehmerischem Denken und Handeln anzuregen und deren Kreativitätspotential zielgerichtet zum Wohle der Organisation nutzbar zu machen. Durch die regelmäßige Vereinbarung herausfordernder Ziele sollte die Leistungsbereitschaft der Beschäftigten flexibel zu immer neuen „Höhenflügen" angeregt werden. Die zunehmenden Erfahrungen vieler Unternehmen – die diesen Weg beschritten haben – ergaben jedoch, dass die Beschäftigten eine angemessene Gegenleistung für die ständig ansteigenden Anforderungen in Form von Zielen, die an sie gerichtet werden, erwarten (vgl. Bungard, 2002, 15 ff.). Aus diesem Grund haben sich vielfach stark leistungsorientierte Vergütungsmodelle auf der Basis von Zielvereinbarungen etabliert. Der Bezug zur psychologischen Forschung kann bei einer Vielzahl der aktuellen Zielvereinbarungsmodelle kaum noch hergestellt werden. In weiten Teilen der öffentlichen Verwaltung wurde die Zielvereinbarung – auch ohne die in der Wirtschaft gemachten Erfahrungen – zwischenzeitlichfaktisch wieder fallen gelassen. Die Reduzierung der Zielekataloge auf organisationsstrategische Ziele – ohne den Nutzen der Ziele als Personalführungsinstrument – mögen Gründe dafür sein. Für die öffentliche Verwaltung können daraus zwei Schlussfolgerungen gezogen werden: Zum einen müssen die einzelnen Elemente des Neuen Steuerungsmodells zukünftig wesentlich konsequenter auf das systemische Wirkungsgefüge hin konzipiert, angepasst und abgestimmt werden. Zum anderen müssen auf längere Sicht betrachtet geeignete Anreizsysteme die Zielsysteme ergänzen, um eine anhaltende Wirkung der Zielsetzung erreichen zu können.

7.2 Strategische Steuerung und ganzheitliche Zielsysteme

Der Begriff „Strategie" stammt aus dem Griechischen und bedeutet soviel wie die „Kunst der Heerführung" oder „geschickte Kampfplanung". Die „Kunst der Heerführung" besteht insbesondere darin, die Lage und die daraus resultierenden Chancen und Risiken zu analysieren, die eigenen Stärken und Schwächen sowie die Stärken und Schwächen der „Gegner" zu erkennen, die Ziele und den Mitteleinsatz festzulegen sowie die konkreten Maßnahmen umzusetzen und die Lage nach einer gewissen Zeit wieder neu zu beurteilen und entsprechend zu handeln. In einer alten griechischen Schrift findet sich die folgende Aussage: „Der Feldherr, der eine Schlacht gewinnt, stellt vor dem Kampf im Geiste viele Berechnungen an. So führen viele Berechnungen zum Sieg und zu wenige Berechnungen zur Niederlage."

Die Managementaufgaben in einer modernen, insbesondere wettbewerbsorientierten Organisation sind den zuvor dargestellten klassischen, militärischen „Führungsaufgaben" im Kern durchaus vergleichbar.

Ziel einer Unternehmensstrategie ist es, nachhaltige Wettbewerbsvorteile zu erzielen und sich gegen die Konkurrenten am Markt durchzusetzen. Der Gedanke an das Leistungsvermögen eines Konkurrenten ist wichtig, um die Notwendigkeit des strategischen Denkens und wirksamen Handelns zu erkennen. Kein Feldherr plant einen Kampf ohne Gegner.

Die Betriebswirtschaftslehre hat den Begriff „Strategie" Anfang der 60er Jahre übernommen, da er trotz seiner militärischen Ausrichtung gute Ansätze für die Organisationssteuerung enthält. Auch hier heißt es: Standort bestimmen durch Umfeldbeobachtung – Chancen und Risken analysieren, eigene Stärken und Schwächen erkennen, daraus resultierende Ziele und den Mitteleinsatz bestimmen sowie zielführende Maßnahmen umsetzen und nach einer angemessenen Zeit evaluieren und die getroffenen Maßnahmen gegebenenfalls korrigieren oder anpassen.

Betriebswirtschaftlich gesehen ist eine „Strategie" somit das langfristig orientierte Vorgehen in grundlegenden Fragen.

Das Ziel einer strategischen Steuerung ist es, den Erfolg einer Organisation nachhaltig zu sichern und voranzutreiben. Dies gilt für Profit-, Non-Profit- und Verwaltungsorganisationen gleichermaßen. Auch eine Behörde ist dann erfolgreich, wenn sie Dienstleistungen oder Produkte bei definierter Qualität zu marktüblichen oder marktangemessenen Preisen oder Kosten erbringen kann und einen entsprechenden anerkannten Nutzen für das Gemeinwohl entfaltet. Um dauerhaft konkurrenzfähig, finanzierbar und damit von der Gesellschaft akzeptiert zu sein, muss die öffentliche Verwaltung zumindest ebenso effektiv, effizient und serviceorientiert sein, wie reale oder virtuelle Wettbewerber. Auch wenn es in der öffentlichen Verwaltung primär um Gemeinwohlmaximierung und nicht um Gewinnmaximierung geht, besteht der „Ertrag" öffentlichen Handelns in einer nachweisbar effektiveren, effizienteren und qualitätsorientierten Aufgabenerledigung und Mittelverwendung im Vergleich zu anderen tatsächlichen oder gedachten Anbietern dieser Dienstleistungen.

Diese Erfolgsdefinition muss der Ausgangspunkt für eine strategische Ausrichtung sein und zwingt zur Abkehr von einer rein kameralistischen Inputsteuerung über die Zuweisung von Haushaltsmitteln.

Im Rahmen der vom NSM intendierten Output- oder Ergebnissteuerung und der Outcome- oder Wirkungssteuerung werden konkrete Aufgabenerledigungen und Arbeitsergebnisse (Zeit, Qualität, Kosten) nach vorangegangener strategischer Planung definiert und durch den Einsatz von Managementsystemen wie Controlling, Kosten- und Leistungsrechnung oder QM bewertet und miteinander anhand festgelegter Kriterien verglichen.

Die Vorteile einer strategischen Steuerung für die Organisationseinheiten der öffentlichen Verwaltung liegen in einem deutlichen Zugewinn an Eigenverantwortung. Es ist eine zentrale Aufgabe der Behördenleitungen im Rahmen der neuen Verwaltungssteuerung und im Rahmen der sich aus den gesetzlichen und politischen sowie ministeriellen Vorgaben ergebenden Möglichkeiten, eine passende strategische Steuerung für die eigene Organisation zu entwickeln und die unterstützenden Managementsysteme möglichst wirkungsvoll einzusetzen. Dies setzt allerdings im Rahmen der erweiterten Delegation auch eine konsequente Zusammenführung der Fach-, Prozess-, Ressourcen- und Ergebnisverantwortung in der Person des Behördenleiters voraus. Eine äußerst wichtige Voraussetzung für das Gelingen einer dezentralen Steuerung ist eine klare und eindeutige politisch-strategische Ausrichtung der nachgeordneten Organisationseinheiten durch die Ministerien. Nur eine exakte Verantwortungsteilung zwischen den Ministerien und den ressortzugehörigen Organisationseinheiten kann eine reibungslose Umsetzung der politischen Vorgaben durch das operative Alltagsgeschäft der Behörden sicherstellen.

Bevor eine Organisationsstrategie und ein strategisches Zielsystem entwickelt werden können, ist der verbindliche Handlungsrahmen zu ermitteln. Der Handlungsrahmen wird definiert durch rechtliche, politische oder ministerielle Vorgaben sowie durch die Vision und das Leitbild.

Die Vision stellt den Ausgangspunkt für ein zielgerichtetes Vorgehen dar. Führungskräfte müssen die Fähigkeit besitzen, Visionen zu entwickeln, diese zu kommunizieren, ihren Inhalt zu transportieren und sich von ihnen leiten zu lassen. Visionen sind keine Utopien oder Träumereien, sie beschreiben vielmehr abstrakt und noch eher plakativ einen anzustrebenden zukünftigen Zustand.

Das Leitbild, das auch als „Mission Statement“ bezeichnet wird, konkretisiert die Vision. Das Leitbild definiert Grundsätze, Ziele und das dem Handeln zugrunde liegende Wertesystem der Organisation. Das Leitbild soll einen konkreten Orientierungsrahmen für die tägliche Arbeit aller Organisationsmitglieder darstellen. Es ist von grundlegender praktischer Bedeutung, dass die Behördenleitung selbst als das „personifizierte Leitbild“ von den Systemmitgliedern wahrgenommen und anerkannt wird. Nur so lässt sich eine entsprechende Wirkung des Leitbildes im Arbeitsalltag erzielen.

Vision und Leitbild sollen auch tatsächlich gelebt werden. Dies ist oftmals leichter gesagt, als getan. Das Verhalten vieler Organisationsmitglieder, insbesondere auch einiger Führungskräfte, kann selbst bei großzügigster Betrachtung und Auslegung kaum noch als leitbildkonform bezeichnet werden. Es ist daher nicht verwunderlich, dass eine Reihe von Leitbildern mittlerweile nur noch als „Hochglanzbroschüre“ existiert und die Lücke zwischen Anspruch und Wirklichkeit immer größer wird.

Visionen und Leitbild bilden – wie bereits dargelegt – den „Überbau“ der strategischen Zielsetzung und Steuerung der Organisationseinheiten der öffentlichen Verwaltung.

Die strategischen Ziele beschreiben, was die Organisation langfristig, das heißt innerhalb eines Zeitraums von 3 bis 5 Jahren, erreichen soll. Die langfristige Ausrichtung einer Organisation wird sich in der Regel nicht nur anhand eines strategischen Ziels beschreiben lassen, sondern die Leitung will erfahrungsgemäß zugleich ein ganzes Bündel höchst unterschiedlicher Ziele verfolgen. Diese können nach den Ordnungskriterien Ebene – Priorität – Frist – in ein Rangverhältnis gesetzt werden. Aus den strategischen Zielen werden die operativen Ziele, bezogen auf einen kurzfristigen Zeitraum von ca.1 Jahr, mit entsprechenden Kennzahlen oder Messgrößen abgeleitet. So entsteht ein ausdifferenziertes Zielsystem. Die operativen Ziele beschreiben die zur Verfolgung der Strategie erforderlichen Handlungen und Ergebnisse und legen die Verantwortlichen für die Zielerreichung sowie den dafür erforderlichen Ressourceneinsatz fest. Ergebnisse und Ressourceneinsatz werden jährlich der Strategie und der Rangfolge folgend innerhalb des Systems neu vereinbart. Die Messgrößen ermöglichen eine Bewertung des Zielerreichungsstandes.

Ein ausgewogenes, wertorientiertes und dynamisches Zielsystem im Sinne des systemischen Mangamentansatzes ermöglicht der Balanced Score Card Ansatz, der auf Arbeiten von Kaplan und Norton zurückgeführt werden kann. Gerade in der öffentlichen Verwaltung, in der nicht die Gewinnmaximierung, sondern eine effektive und qualitativ hochwertige Dienstleistungserbringung für das Gemeinwohl das eigentliche Ziel ist, ermöglicht die BSC ein „ausbalanciertes“ System der Steuerung, das akzeptanzfördernd eingesetzt, alle Initiativen und Bemühungen in die notwendigen Veränderungs- und Entwicklungsprozesse einbinden kann.

Kaplan und Norton haben mit der BSC ein Modell zur Entwicklung von dynamischen Zielsystemen bereitgestellt, das der zeitlichen Verzögerung zwischen Aktivität und Erfolg Rechnung trägt und damit die Defizite anderer Kennzahlensysteme überwinden hilft (vgl. Macharzina & Wolf, 2008, 215). Zugleich ermöglicht die BSC einen umfassenderen, ganzheitlicheren Überblick über die Organisation, als dies andere Modelle leisten können, da sie die gesamte Organisation aus verschiedenen Perspektiven betrachtet (vgl. Macharzina & Wolf, 2008, 215). Die BSC stellt auch für die Steuerung der Organisationseinheiten der öffentlichen Verwaltung das notwendige Bindeglied zwischen der Vision, dem noch recht abstrakt formulierten Organisationsleitbild und dem bereits konkretisierten strategischen (überjährigen) und operativen (unterjährigen) Zielsystem dar. BSC und strategisches Zielsystem bilden dabei ein eng verzahntes und inhaltlich auf einander abgestimmtes mittel- bis langfristiges Steuerungskonzept der Organisation. Aus der BSC und dem strategischen Zielsystem wird im Wege der Operationalisierung ein kompatibles, unterjähriges, operatives Zielsystem entwickelt. Die Grundstruktur und die Zielfelder der nachrangigen Zielsysteme müssen der Grundstruktur und den Zielfeldern der BSC entsprechen. Durch den Einsatz des Instruments der BSC ist die Verwaltungsspitze gezwungen, sich systematisch und permanent mit den wichtigsten Steuerungs- und Zielfeldern der Organisation auseinanderzusetzen. Die Aufstellung einer Balanced Score Card zwingt das Management dazu, alle relevanten Organisationsprozesse und deren Ergebnisse mittels geeigneter Indikatoren und Kennzahlen quantitativ messbar und bewertbar zu machen (vgl. vgl. Schäfer, 2005, 134).

Ziele und Kennzahlen der BSC – als zentrales Steuerungsinstrument – fokussieren die Organisationsleistung im Regelfall aus vier Perspektiven: Der finanziellen Perspektive, der Kundenperspektive, der Perspektive der internen Geschäftsprozesse sowie der Innovations- und Entwicklungsperspektive (vgl. Macharzina & Wolf, 2008, 215). Bei der Ausarbeitung der strategischen Ziele einer Behörde ist es notwendig, die Veränderungen insbesondere an dem gesellschaftlichen, wirtschaftlichen und politischen Umfeld auszurichten. Neben den rein wirtschaftlichen Zielen haben deshalb auch andere Zielperspektiven einen entsprechend hohen Stellenwert. Die BSC hat in Anlehnung an Kaplan und Norton dann die größte Wirkung, wenn sie zu Veränderungen in der gesamten Organisation durch ein kontinuierliches Lernen in der Organisation beiträgt.

Diese Wirkung können letztlich nur die Führungskräfte mit der richtigen Anwendung des Steuerungs- und Controllingsystems als Rahmen für eine gezielte Organisations- und Personalentwicklung erzeugen. Die Führungskräfte aller Ebenen haben die Verantwortung für den wirkungsvollen und reformadäquaten Einsatz der Neuen Steuerungsinstrumente. Diese Verantwortung tragen sie zum einen als Zielvereinbarungspartner und Zielgeber, zum anderen bei der Vermittlung und Umsetzung der Ziele in den ihnen jeweils nachgeordneten Bereichen. In der öffentlichen Verwaltung scheitert der Nutzen implementierter Steuerungs- und Controllingsysteme und der Nutzen von Zielvereinbarungen oftmals schon an der jeweiligen Organisationsstruktur (Aufbau- und Ablauforganisation). Die

Zielsteuerung erfolgt zudem häufig losgelöst von den konkreten Zielen der Controlling-Zielekataloge. Die Ziele wiederum lassen oftmals den Bezug zum Ressourceneinsatz – Daten aus der Kosten- und Leistungsrechnung (KLR) – sowie zur Prozess- und Ergebnisverantwortung vermissen. So werden diverse Steuerungsinstrumente und Managementsysteme unabhängig voneinander und ohne einen entsprechenden Nutzen im Sinne der Verwaltungsreform (vor)gehalten. Von systemischer Anwendung kann man in der Regel nicht mehr sprechen. Diese Entwicklung ergibt sich zwangsläufig dann, wenn verschiedene organisatorische Einheiten für Controlling, Kosten- und Leistungsrechnung, Haushalt und Budgetierung sowie für das Qualitätsmanagement zuständig sind und schlechtestenfalls auch noch neben diesen Organisatonseinheiten gesondert Stabsstellen beziehungsweise Leitungsstäbe in der Funktion strategisch arbeitender Leitungsunterstützung vorgehalten werden. Als Folge der funktionalen Zergliederung besteht die Gefahr, dass sich die Einheiten – auch unabsichtlich – gegenseitig behindern und damit für die mit dem Regierungsprogramm intendierten Reformen der Öffentlichen Verwaltungen keinen angemessenen Nutzen mehr entfalten können. Hinzu kommt, dass die „organisierte Unzuständigkeit" bei den meisten Systemmitgliedern sicherlich nicht zu einer höheren Akzeptanz der Reformelemente führt. Die richtige Organisationsstruktur ist eine wesentliche Voraussetzung für die ganzheitliche und wirkungsorientierte Umsetzung des NSM. Der richtige, zunehmend prozessorientierte Organisationsaufbau ist zwingende Voraussetzung für eine wirkungsorientierte Steuerung der öffentlichen Verwaltung. Eine gebündelte Aufgabenwahrnehmung als Querschnittsaufgabe und ausschließliche Unterstützungsfunktion für alle Fach-, Ressourcen-, Prozess- und Ergebnisverantwortlichen (Kostenstellenleiter) ist eine wesentliche organisatorische Rahmenbedingung. Die zweite unverzichtbare Rahmenbedingung ist es, die Führungskräfte der einzelnen Organisationseinheiten mittels erweiterter Delegation zu verantwortungsvollen Kostenstellenleitern und Ergebnisverantwortlichen zu entwickeln. Delegation bedeutet immer die Übertragung von Aufgabe, Verantwortung und Kompetenz, nicht nur die Abschichtung von mehr Arbeit und Verantwortung auf nachgeordnete Bereiche. Die Führungskräfte auf die delegiert wird, benötigen zwingend entsprechende Handlungs- und Gestaltungsspielräume um den komplexeren Anforderungen gerecht werden zu können. Dazu zählen insbesondere:

- Mitwirkung bei der Personalauswahl und bei der Stellenbesetzung,
- Mitwirkung bei der Feststellung der Probezeitbewährung,
- Mitwirkung bei der Einrichtung und Streichung sowie bei der Bewertung von Dienstposten im Rahmen der Kosten- und Leistungsplanung,

- Mitwirkung bei Beurteilungen und der Vergabe von Leistungsprämien sowie die
- Mitwirkung bei der strategischen Personalentwicklung von künftigen Führungskräften.

Erfahrungsgemäß ist es schwierig, die richtige Hierarchieebene zu finden, um die Handlungsspielräume verantwortungsvoll wahrnehmen zu können. Häufig verhindern zu viele Hierarchieebenen – von denen jede wiederum einen umgrenzten Verantwortungsspielraum benötigt – die wirkungsvolle Ausübung der Spielräume. Auch aus diesem Grund erweisen sich „flache" Organisationen mit möglichst wenigen, aber handlungsfähigen Hierarchieebenen als vorteilhaft. Wesentlich ist, dass sich die Handlungskompetenz einer verantwortlichen Führungskraft zumindest auf die Personal- und Organisationsstrukturen des eigenen Zuständigkeitsbereichs erstrecken muss.

7.3 Informationelle Steuerung: Das Controllingsystem

Der Begriff Controlling leitet sich vom Wortstamm „control" ab und legt insoweit sprachlich den Aspekt der „Kontrolle" nahe. Aus den zahlreichen Übersetzungsmöglichkeiten hat sich für die Funktion des Controlling jedoch im Laufe der Zeit die Übersetzung „lenken, steuern, regeln" als sinnvoll herausgestellt (vgl. Eschenbach & Horak, 1999, 342). Controlling als führungsergänzendes und unterstützendes System hat somit nicht mehr primär mit „Kontrolle" im engeren Sinne zu tun (vgl. Eschenbach & Horak, 1999, 342). Das Controllingsystem – als Subsystem der Führung – ist vielmehr ein Instrument zur Unterstützung der zielgerichteten Steuerung einer Organisation. In dieser Eigenschaft hat Controlling einen wesentlichen Beitrag zur Sicherung der Lebensfähigkeit und Aufgabenerfüllung der Organisation zu leisten (vgl. Eschenbach & Horak, 1999, 342). Controlling stellt somit eine Denkhaltung für alle Führungskräfte dar (Eschenbach & Horak, 1999, 342). Controllinggerechte Führung muss zielorientiert, planungs- und kontrollbasiert, zukunftsorientiert, adaptiv und flexibel (dezentral) gestaltet sein. Beck (1999, 1 ff.) versteht Controlling nicht nur als Führungskonzept, sondern als ein „way of thinking" für alle Mitarbeiter. Durch ein leistungsfähiges Controlling wird Information vom Prestige- und Machtfaktor zum Leistungsfaktor. Mit der Offenlegung von Informationen kann eine Organisation zu einem lernenden System werden, das eine Grundhaltung zu mehr Offenheit und Transparenz für alle Mitarbeiter fördert. Versteht man die Implementierung und dauerhafte Nutzung des Controllingsystems als eine Form der systematischen Organisationsentwicklung und wendet seine Instrumente entsprechend an, kann

Controlling einen die ganze Organisation umfassenden Veränderungsprozess bewirken. Organisationsentwicklung bedeutet zugleich eine Struktur-, Prozess- und Verhaltensänderung, die einen gemeinsamen Lernprozess so in Gang setzt, dass nicht die „neuen Strukturen" an überkommenen, allzu traditionellen Denk- und Handlungsmustern scheitern.

In Anlehnung an Staehle ist Controlling „die operative Umsetzung von Strategien in Plandaten sowie deren laufende Konfrontation mit Istdaten" (Staehle, 1999, S. 371). Diese Definition betont stärker den steuernden Charakter des Controlling als Mittler zwischen strategischem und operativem Handeln. Die strategischen Planungsdaten werden dezentral auf die einzelnen operativen Ebenen „verteilt". Die dezentral gesammelten Ist-Daten werden gebündelt und in aggregierter Form an die zentralen Entscheidungsträger zurückgespiegelt. Nur die Rückkoppelung der Daten aller Zielfelder ermöglicht es den Entscheidungsträgern, die für die Steuerung entscheidenden Wirkungszusammenhänge zu erkennen.

Das Controlling bildet „die Nahtstelle zwischen der eher extern orientierten strategischen Planung und der eher intern orientierten operativen Planung und Kontrolle" (Staehle, 1999, 371). Die vernetzte Datenverarbeitung und Informationsbereitstellung verschafft einen informationellen „Durchblick", der einerseits eine raschere Schwachstellendiagnose, andererseits Vergleiche ermöglicht. Das Controlling erlaubt es, suboptimale Prozesse, Strukturen und Ergebnisse leichter zu identifizieren und die Akteure durch den Hinweis auf die bessere Leistung und Aufgabenerfüllung einer vergleichbaren Gruppe im Sinne eines Benchmarkings unter einen wirksamen internen Rechtfertigungs- und Leistungsdruck zu setzen.

Die dirigistische Anweisung, eine bestimmte Leistung zu erzielen, wird im Rahmen eines wirksamen Controllings durch die glaubhafte Darstellung der unzureichenden Zielerreichung und den Appell an Eigeninitiative und Eigenverantwortung ersetzt. In der Organisationspsychologie wird diskutiert, ob die neuen Arbeitsstrukturen tatsächlich mehr Autonomie oder mehr Kontrolle und Zwang bringen. Nach Wiendieck (1993, 27 ff.) sind Autonomieausdehnung und Kontrolldezentralisierung keine Gegensätze, sondern ergänzende Strategien.

Entscheidend für die Beantwortung dieser Frage ist, wie ein Controllingsystem implementiert und angewendet wird. Die grundsätzliche Notwendigkeit und Sinnhaftigkeit von Controlling bedingt nicht automatisch eine sinnvolle und erfolgreiche Handhabung in der konkreten Organisation (vgl. Eschenbach & Horak, 1999, 346). So setzt die Einführung von Controlling ein Mindestmaß an Managementfähigkeiten voraus. Controlling ist als Konzept nur dann sinnvoll, wenn in einer Organisation ein bestimmtes Maß an Know-how vorhanden ist (Eschenbach & Horak, 1999, 346 m.w.Nw.). Innerhalb der Organisation muss zudem zur Verwirklichung der Controllingkonzeption eine positive Grundstimmung der Organisationsmitglieder gegenüber controllingorientierter Führung und Steuerung vorherrschen. Die Einführung von Controlling in der öffentlichen Verwaltung bedeutet, die bürokratische Führungsphilosophie zu überwinden (vgl. Eschenbach & Horak, 1999, 346). Des Weiteren setzt die Einführung von Controlling ein funktionierendes Rechnungswesen voraus. Rudimentäre KLR-Systeme oder eine leicht modifizierte Kameralistik stellen noch keine hinreichende Basis dar. Erforderlich ist ebenfalls eine controllinggerechte Organisationsstruktur. Gefragt sind einfache, flexible und vor allen Dingen flache Strukturen (vgl. Eschenbach & Horak, 1999, 347). In Anlehnung an Eschenbach und Horak (1999, 347) ist erst bei Erfüllung dieser Grundbedingungen die hinreichend Wahrscheinlichkeit gegeben, dass Controlling erfolgreich eingeführt und von der gesamten Organisation auch „gelebt" werden kann.

Controlling bietet als Instrument aber auch durchaus die Möglichkeit, als eine „neue bürokratische Fessel" eingesetzt zu werden. Nach den Erkenntnissen der Organisationsforschung zur Organisationsentwicklung wird ein Controllingsystem nur dann zu einer Effizienzsteigerung der Organisation mit motivierten Beschäftigten führen können, wenn ein Autonomiegewinn der Mitarbeiter ermöglicht und die systemimmanente Kontrolle im Rahmen eines positiv wirkenden, leistungsfördernden Feedbacks eingesetzt wird. Nur ein im Austausch aller Beteiligten gemeinsam gestaltetes Controllingsystem entfaltet den hohen Nutzen, der mit dem Controllingansatz zumindest theoretisch erreichbar ist. Werden die Kenntnisse und Fähigkeiten der Mitarbeiter bei der Zielvereinbarung und den konkreten Umsetzungsfragen im Sinne einer „echten" Partizipation einbezogen, führt dies regelmäßig zu einer höheren Akzeptanz und Nachhaltigkeit der Veränderungen. Der permanente Regelkreis des Controlling macht Lernprozesse im Sinne eines kontinuierlichen Verbesserungsprozesses möglich und steigert dadurch letztlich auch die Mitarbeiterzufriedenheit und die Leistungsfähigkeit einer Organisation. Der Nutzen eines Controllingsystems beruht auf der erreichbaren Transparenz über das Leistungsgeschehen. Die verfügbaren Informationen müssen Wirkungszusammenhänge erschließen und in Entscheidungen und Handeln umgesetzt werden. Controlling muss glaubhaft „gelebt" werden, um das angestrebte Reformziel: „Mehr Effizienz und Effektivität durch motivierte und leistungsfähige Beschäftigte" zu erreichen.

Diese Aussagen zum Thema „Controlling" werden durch die maßgeblichen Aussagen der Zielsetzungstheorie im Kern bestätigt. Controlling in einem umfassenden Sinne bietet einer Organisation die Möglichkeit, sich zu einer lernenden Organisation zu entwickeln. Durch die zielorientierte Steuerung der Organisation kann der Lernprozess aktiv geführt werden, was sicherstellt, dass er planmäßig und nicht zufällig verläuft. Genau definierte Maßnahmen und Methoden begründen ihren Erfolg und formen bewusst die Bausteine einer lernenden Organisation (vgl. Garvin, 1994, 1 ff.).

Controlling kann auch in der öffentlichen Verwaltung die Grundlage dafür schaffen, von einer normativ orientierten, starren, hierarchisch-linearen Form der Organisationssteuerung abzurücken und sich einem angemesseneren Modell der lernbereiten und lernorientierten Steuerung anzunähern, in dem Beobachten, Evaluieren und Anregen im Fokus des Controlling stehen (Willke & Wollmann, 2003, 26 ff.).

Es ist Schmidberger durchaus zuzustimmen, dass Controlling nicht als Änderungs- und Effizienzsteigerungsinstrument für ineffiziente Strukturen verstanden werden kann und radikale Strukturreformen grundsätzlich der Implementierung von Controllingsystemen vorangehen sollten (Schmidberger, 1995, 22 ff.). Dies gilt insbesondere für die Notwendigkeit einer Budgetierung. Das Budget muss als Werkzeug jener Führungskräfte etabliert und eingesetzt werden, die ressourcen- und ergebnisverantwortlich Einheiten zu führen haben. Dazu zählen nicht nur Profit Center-Strukturen sondern gerade auch Cost Center (vgl. Malik 2001, 348). Es ist Malik zuzustimmen, der das Budget und den Budgetierungsprozess als das beste Instrument für den produktiven Einsatz der Schlüsselressourcen hält (2001, 348). In Anlehnung an Malik ist das Budget im Grunde das einzige Werkzeug, um Ressourcen überhaupt produktiv zu machen (2001, 348). Auch in diesem Zusammenhang stellt sich die Frage, weshalb im Rahmen der neuen Verwaltungssteuerung zumindest auf Bundesebene das Instrument der Budgetierung derartig defensiv gehandhabt wird. Durch die Einführung von mehr Wettbewerb, einer erweiterten Delegation und einer sinnvollen Budgetierung könnten auch Controlling und Benchmarking eine wesentlich stärkere Wirkung entfalten.

8. Die öffentliche Verwaltung als Lernende Organisation

8.1 Die Bedeutung eines umfassenden Qualitätsmanagements im Rahmen organisationaler Lern- und Enwicklungsprozesse

Unter den Schlagworten „Umfassendes Qualitätsmanagement“ und „Total Quality Management“ (TQM) werden auch in der öffentlichen Verwaltung höchst unterschiedliche Konzepte und inhomogene Qualitätsmanagementansätze zusammengefasst (vgl. v. Bandemer, 2001, 416). Diese Begriffsvielfalt hat bereits dazu geführt, dass im Rahmen der Verwaltungsmodernisierung ebenfalls völlig unterschiedliche QM-Ansätze in den einzelnen Organisationen realisiert wurden, die nicht immer mit dem Organisationszweck, der spezifischen Aufgabenstellung der Organisation und deren Leistungsfähigkeit in Einklang stehen. Die QM-Palette reicht dabei von der klassischen Qualitätskontrolle, über einfache Maßnahmen einer eher produkt- oder prozessbezogenen Qualitätssicherung, über die Einrichtung von Qualitätszirkeln, über die Implementierung von Qualitätsbeauftragten, über ein Ideen-, Innovations- und Beschwerdemanagement, über die Schaffung von Standards nach DIN ISO 9000 ff., über die Einführung von EFQM-Modellen, über die Einführung der verwaltungsspezifischen EFQM-Variante „CAF“ oder über ein TQM im Sinne einer umfassenden Managementphilosophie. Auch der Qualitätsbegriff selbst ist vielgestaltig und kann produktbezogen (product-based), kundenbezogen (user-based), absolut (bewertet nach Güteklassen beziehungsweise Gütekategorien), herstellungsorientiert (prozessbezogen), wertorientiert (Preis-Leistungs-Verhältnis) oder als Kombination verschiedener Ansätze definiert werden (vgl. Bruhn, 2004, 30 ff.). Darüber hinaus existiert eine Einteilung in Qualitätsdimensionen, die nicht nur konzeptionell entwickelt, sondern auch empirisch überprüft wurde (Bruhn, 2004, 47). Zu den fünf eigenständig wahrgenommenen Qualitätsdimensionen zählen die Annehmlichkeit des tangiblen (berührbaren) Umfeldes (Erscheinungsbild des Dienstleistungsortes und des Personals), die Zuverlässigkeit des Dienstleisters, die Reaktionsfähigkeit und Leistungskompetenz des Dienstleisters sowie das Einfühlungsvermögen des Anbieters im Hinblick auf die individuellen, spezifischen Kundenwünsche (vgl. Bruhn, 2004, 47 ff.).

Aufgrund der Mehrdimensionalität des Qualitätsbegriffs und dessen inhaltlicher Unschärfe ist es auch hier erforderlich, zunächst einen sinnvollen Qualitätsbegriff im Kontext öffentlicher Dienstleistungserstellung zu definieren und danach ein wirksames, wirtschaftliches und praxistaugliches Qualitätsmanagementkonzept zu beschreiben, das den Anforderungen an ein ganzheitliches, systemisches Verständnis von Führung und Steuerung in der öffentlichen Verwaltung gerecht wird. Die Implementierung und der Wirkbetrieb des QM-Systems dürfen die Organisation und deren Mitglieder in kompetenz- und ressourcenbezogener Hinsicht nicht überfordern. Das für die öffentliche Verwaltung geeignete „QM- Basissystem“ muss dann jeweils den Besonderheiten des Einzelfalles entsprechend angepasst werden.

Der wesentliche Unterschied zwischen den traditionellen öffentlichen Dienstleistungen und den privatwirtschaftlich erstellten Dienstleistungen besteht – wie bereits dargelegt – nicht nur in den fehlenden Einflüssen des Marktes, in einem allenfalls eingeschränkten Wettbewerb, in einer Befriedigung kollektiver und nicht individueller Bedarfe, sondern auch in der strikten Bindung der öffentlichen Verwaltung an Recht und Gesetz. Diese äußerst enge rechtliche Bindung betrifft den gesamten Prozess der Leistungserstellung, die sich aus dem förmlichen Verwaltungsverfahren ergebenden Rechte und Pflichten der Beteiligten und das Ergebnis der Leistungserstellung. Rechtmäßigkeit und Gesetzmäßigkeit des Verwaltungshandelns sind die tragenden rechtsstaatlichen Prinzipien. Sie bestimmen und prägen den gesamten Leistungserstellungsprozess öffentlicher Güter. Hinzu kommen das gleichfalls gesetzlich verankerte Zweckmäßigkeits- und das Wirtschaftlichkeitsprinzip. Das Verhältnis von Rechtmäßigkeit und Wirtschaftlichkeit des Verwaltungshandelns stellt auch im Reformkontext ein überaus bedeutsames und sensibles Thema dar. Ein ausgesprochen effektives Qualitätsmanagement „sui generis“ findet im klassischen Bereich der öffentlichen Verwaltung im Wege der rechtlichen Ausgestaltung durch Normen statt. Das gesetzliche und untergesetzliche Regelwerk standardisiert und normiert – insbesondere im Rahmen der hoheitlichen Aufgabenerfüllung – das staatliche Handeln. Der Gesetzgeber selbst gestaltet die Ziele und Voraussetzungen rechtmäßiger und zweckmäßiger Aufgabenerfüllung und definiert die wesentlichen Verfahrensschritte sowie die Anforderungen an die Beschaffenheit der hoheitlichen Produkte wie Verwaltungsakt oder Verwaltungsvertrag. Der Rechtsstaat bundesdeutscher Prägung stellt zudem durch die Rechtsbehelfs- und Rechtsmittelverfahren eine verwaltungsinterne und eine verwaltungsexterne (gerichtliche), unabhängige und neutrale Qualitätskontrolle des Verwaltungshandelns sicher. Letztlich entscheiden die zuständigen Widerspruchsbehörden und die jeweils zuständigen Rechtsmittelinstanzen über die rechtliche Qualität und „Haltbarkeit“ öffentlich-rechtlicher Dienstleistungen. Die hohe rechtliche Güte der staatlichen

Aufgabenerfüllung und die hohen rechtlichen Standards stellen auch im internationalen Vergleich ein herausragendes Qualitätsmerkmal öffentlich-rechtlicher Dienstleistungen und einen nicht zu unterschätzenden Standort- und Wettbewerbsvorteil Deutschlands dar. Im Ausland wird die gut funktionierende Wirtschaft Deutschlands auch auf eine gut funktionierende, rechtsstaatlich handelnde Verwaltung zurückgeführt. Die gut funktionierende Verwaltung in Deutschland basiert wiederum auf den bewährt hohen Qualitätsstandards in der Aus- und Fortbildung der Beschäftigten des öffentlichen Dienstes. Duale Bildungssysteme der bundes- und landesinternen Hochschulen, Fachhochschulen, Akademien und sonstigen Bildungseinrichtungen für den öffentlichen Dienst sowie die bedarfs- und adressatenorientierte Fortbildung für den öffentlichen Dienst, garantieren diese im Ausland anerkannt hohe Qualität der Dienstleistungen der öffentlichen Verwaltungen. Erkannte Defizite der Dienstleistungsqualität bestehen vorrangig im Rahmen der Kundenorientierung, insbesondere zu den Kriterien „Freundlichkeit", „Verständlichkeit" und „Erreichbarkeit". Optimierung fordern die letzten Regierungsprogramme darüber hinaus insbesondere bei der „Wirtschaftlichkeit" – im Sinne höherer Effizienz und Effektivität – der Leistungserbringung.

Ein ganzheitliches Qualitätsmanagement in der öffentlichen Verwaltung muss sich somit – basierend auf den rechts- und sozialstaatlichen Grundprinzipien – sowohl auf das Leistungserstellungssystem, auf dessen Umwelt, auf den Prozess (Ablauf) der Leistungserstellung – und zwar in rechtlicher und wirtschaftlicher Hinsicht – als auch auf dessen Ergebnis und Wirkung beziehen. Im Rahmen einer konsequenten Output- und Outcome-Steuerung der öffentlichen Verwaltung steht das so genannte Produkt (Output) im Mittelpunkt der Betrachtung und zwar im Hinblick auf dessen Adressatenorientierung (intern oder extern) und dessen Nutzen (Outcome) im Sinne der Gemeinwohlmaximierung.

Qualität in diesem Sinne ist somit auch für die Organisationseinheiten der öffentlichen Verwaltung ein ganz zentraler und strategisch ausgesprochen bedeutsamer Aspekt, der das gesamte System und die Wertschöpfung des Systems umfasst. Das Konzept des Total Quality Managements erkennt Qualität in einem ganzheitlichen, umfassenden Sinne als wichtigsten Erfolgsfaktor an. „Total" steht dabei für die Einbeziehung sämtlicher Personengruppen, die an der Dienstleistungserstellung beteiligt sind, in den QM-Prozess. „Quality" steht für die konsequente Orientierung aller Aktivitäten des Dienstleisters an den Qualitätsanforderungen der externen und internen Kundengruppen. „Management" umschreibt die übernommene Verantwortung und Initiative sämtlicher Führungsebenen der Dienstleistungsorganisation für eine systematische Qualitätsüberzeugung und Qualitätsverbesserung (vgl. dazu ausführlich Bruhn, 2004, 58 m.w.Nw.; Unger, 2008, 183 ff.).

Das Total Quality Management bezieht sich gleichermaßen auf den konkreten Auftrag der Organisation, auf deren Strukturen und Prozesse, auf die Wirtschaftlichkeit der Aufgabenerfüllung, auf sämtliche Organisationsmitglieder, auf die internen und externen „Kunden“ sowie auf die sonstigen Beteiligten und auf die Interessen der Stakeholder. Ein wirksames Qualitätsmanagement umfasst auch die Qualität von Führung und Steuerung, Organisations- und Personalentwicklung.

In Anlehnung an Maul und Scharitzer (1999, 468 m.w.Nw.) werden unter dem Begriff TQM alle Strukturen, Abläufe, Vorschriften, Regeln, Anweisungen und Maßnahmen verstanden, die dazu dienen die Qualität von Produkten und Dienstleistungen einer Organisation in allen Funktionen und in allen Ebenen durch die Mitwirkung aller Organisationsmitglieder termingerecht und zu günstigen Kosten zu gewährleisten sowie kontinuierlich zu verbessern, um eine optimale Bedürfnisbefriedigung der Konsumenten und der Gesellschaft zu ermöglichen. Jede Organisation muss für sich den Qualitätsbegriff operationalisieren und damit für die jeweiligen Zwecke anwendbar machen (Maul & Scharitzer, 1999, 468).

Qualität im Sinne öffentlicher Leistungserstellung bedeutet die Erfüllung festgelegter (definierter) und vorausgesetzter Anforderungen der Kunden (Adressaten) und der Gesellschaft (Staat) an die Beschaffenheit eines Produkts (Leistung) durch wirtschaftliche Maßnahmen der Organisation (vgl. dazu ausführlich Dunkhorst, 1999, 34). Dienstleistungsqualität bedeutet demnach die Fähigkeit der öffentlichen Verwaltung, die Beschaffenheit einer primär intangiblen und der Mitwirkung oder Beteiligung der Adressaten bedürfenden Leistung (Produkt) gemäß den Erwartungen (der Adressaten oder „Kunden“) auf einem definierten Anforderungsniveau (Rechtmäßigkeit, Zweckmäßigkeit, Wirtschaftlichkeit) zu erstellen.

Die Definition der Qualität öffentlicher Leistungen hängt in besonderem Maße von der Art der öffentlichen Leistung (hoheitlich oder nicht-hoheitlich), vom spezifischen Organisationszweck und dem konkreten gesetzlichen Auftrag der Behörde, vom möglichen Wahlrecht des „Kunden“ (Adressaten) und von der Definition des Kunden- oder Adressatenkreises ab. Qualität kann somit nicht abstrakt beschrieben und bewertet werden, sondern Qualitätsanforderungen, Bewertungsmaßstäbe und Kriterien beziehen sich grundsätzlich auf eine konkrete Leistungserstellung. Die „objektiven“ Qualitätskriterien lassen sich produkt- und prozessbezogen – zumindest teilweise – unmittelbar oder mittelbar aus dem rechtlichen Regelwerk oder aus sonstigen verbindlichen Anforderungen herleiten. Bei der Bewertung der Qualität öffentlicher Dienstleistungen sind aus Kundensicht die Qualitätsdimensionen wie Zuverlässigkeit, Kompetenz, Vertrauenswürdigkeit, Sicherheit, Erreichbarkeit und Kommunikation Aspekte, die eine besondere Bedeutung aufweisen. Die im Rahmen marktwirtschaftlicher Dienstleistungserstellung ebenfalls aus Kundensicht wichtigen Qualitätsaspekte wie die Ausstattung des materiellen Dienstleistungsumfeldes, das Entgegenkommen des Dienstleisters, das Kundenverständnis und die Zuvorkommenheit müssen im Kontext hoheitlicher Aufgabenerfüllung sicherlich relativiert werden, da der staatliche Auftrag und dessen Vollzug regelmäßig gerade nicht im individuellen Interesse des jeweiligen Adressaten erfolgt, sondern im übergeordneten Interesse des Gemeinwohls.

Trotz der Unterschiedlichkeit marktwirtschaftlicher und öffentlicher Dienstleistungen ist auch in der öffentlichen Verwaltung ein integriertes Qualitätsmanagement, das einen wichtigen Baustein des strategischen Managements darstellt (Macharzina & Wolf, 2008, 779), sinnvoll. Unter einem strategischen Management versteht man ein übergeordnetes Gesamtkonzept, in dessen Rahmen organisatorische, kulturelle und führungsbezogene Gestaltungsentscheidungen getroffen werden, die zu den jeweiligen Strategien passen (Macharzina & Wolf, 2008, 378). Genau so wie die Strategieformulierung selbst ist das Gesamtkonzept auf die Festlegung, Sicherung und Steuerung der langfristigen Entwicklung des Systems und auf dessen Bestandserhaltung ausgerichtet (vgl. Macharzina & Wolf, 2008, 378). Ein weiteres Merkmal des integrierten Qualitätsmanagements besteht darin, dass von einer Interdependenz aller Funktionen einer Organisation ausgegangen wird, was die qualitätsorientierte Analyse sämtlicher Prozesse, insbesondere auch derjenigen außerhalb des fertigungsnahen Bereichs, erfordert (vgl. Macharzina & Wolf, 2008, 779). Im Rahmen des organisatorischen Gesamtkonzepts und der strategischen Zielsteuerung ist zu berücksichtigen, dass in klassischerweise rein wirtschaftlich ausgerichteten Zielsystemen strategische Ziele, die neben den reinen Organisationszielen auch Mitarbeiterziele berücksichtigen, fehlen. Neuere Ansätze zur Strukturierung von Zielsystemen integrieren verstärkt neben den wirtschaftlichen Zielen, sogenannte „weiche" Ziele, wie Mitarbeiterzufriedenheit und Kundenzufriedenheit. Als Beispiele seien hier nochmals der „Balanced Score Card" (BSC)-Ansatz von Kaplan und Norton oder das EFQM-Modell der „European Foundation for Quality Management" genannt. Für die öffentliche Verwaltung haben die zuständigen Minister der Mitgliedstaaten der Europäischen Union ein Gemeinsames Europäisches Qualitätsentwicklungssystem „Common Assessment Framework" (CAF) entwickelt. CAF und EFQM strukturieren bestimmte Bewertungskriterien, die in die Hauptgruppen „Befähiger" und „Ergebnisse" eingeteilt sind. Anhand der Befähiger wird die Ausgestaltung (Entwicklungszustand) des QM-Systems, anhand der Ergebnisse werden die Wirkungen (Nutzen) des QM-Systems evaluiert. Zu den Befähigern zählen Führung, Mitarbeiterorientierung, Politik und Strategie sowie Ressourcen und Prozesse. Zu den Ergebnissen zählen Mitarbeiterzufriedenheit,

Kundenzufriedenheit, gesellschaftliche Verantwortung und Geschäftsergebnisse (vgl. Bruhn, 2004, 281 ff.) Im Rahmen des Instruments CAF findet bezüglich der Befähiger und der Ergebnisse eine Anpassung an die Besonderheiten des öffentlichen Dienstleistungssektors statt.

Zur wirksamen und effizienten strategischen und operativen Steuerung der Qualität eignet sich in der öffentlichen Verwaltung – wie bereits ausführlich dargestellt – in besonderem Maße der Ansatz der Balanced Score Card.

Auch die EFQM- und CAF-Modelle, die sich als Qualitätsmanagementmodelle für die öffentliche Verwaltung vom Grundprinzip her ebenfalls gut eigenen, erweitern die rein finanziellen oder wirtschaftlichen Ziele und Kennzahlen um weitere Einflussfaktoren des betrieblichen Erfolges wie Kundenzufriedenheit, Mitarbeiterzufriedenheit und gesellschaftliche Verantwortung/Image. Die Fortschritte, die die Organisation insgesamt und in den einzelnen Zielfeldern erzielt, können separat abgebildet und bewertet werden.

Das für den öffentlichen Sektor speziell entwickelte CAF unterstützt als Teil eines integrierten Qualitätsmanagements die Selbstbewertung der Organisation zu neun Themenfeldern wie zum Beispiel „Mitarbeiterbezogene Ergebnisse“ und „Kunden- und Bürgerbezogene Ergebnisse“ und ermöglicht so ebenfalls die Einleitung eines kontinuierlichen Lern-, Entwicklungs- und Verbesserungsprozesses.

Der Weg von der traditionellen, bürokratisch geprägten Organisation zur Lernenden Organisation ist weit und beschwerlich. Es ist daher erstaunlich, dass viele Behörden im Rahmen konkreter Change- und Transformationsvorhaben die Auffassung vertreten, sie hätten schon jetzt den Wandel zur Lernenden Organisation erfolgreich bewältigt und abgeschlossen. Mit anderen Worten: „Wir wissen schon alles“. Erstaunlich ist diese Einschätzung insofern, als diese Organisationseinheiten oftmals gar nicht definieren können, was sie mit dem Etikett „Lernende Verwaltung“ überhaupt inhaltlich verbinden und welches konkrete organisatorische Ziel damit angestrebt werden soll. Erstaunlich ist auch, dass in einer Vielzahl von Fällen die für die organisatorischen Lernprozesse förderlichen Voraussetzungen und Rahmenbedingungen bislang noch gar nicht geschaffen wurden. Insbesondere fehlt es in weiten Bereichen an einer offenen und konstruktiven Informations-, Fehler- und Konfliktkultur sowie an einem professionellen Veränderungs- und Entwicklungsmanagement. Auch die gern vertretene Auffassung, organisationales Lernen sei zeitlich begrenzt und der Lernprozess einer Behörde irgendwann abgeschlossen, verdeutlicht, dass die Notwendigkeit des „lebenslangen Lernens“ (dies gilt analog auch für das organisationale Lernen) und der permanenten Entwicklung und Veränderung noch nicht wirklich verinnerlicht wurde.

Jedes lebende System gefährdet seinen Fortbestand, wenn es nicht mehr in der Lage ist, sich mindestens so schnell weiterzuentwickeln wie seine Umwelt (Bertels, 2007, 53). Das so genannte „ökologische Gesetz des Lernens“ besagt, dass eine Spezies so lange überlebt, wie die Lerngeschwindigkeit gleich oder größer ist als die Änderungsgeschwindigkeit der relevanten Umwelt (vgl. König & Volmer, 2000, 231 unter Hinweis auf Servatius). Auch für Organisationen gilt diese bekannte evolutionstheoretische Überlegung (Bertels, 2008, 53). Diese Erkenntnis wird durch ein systemisches Grundprinzip ergänzt, nach dessen Inhalt die systemische Varietät dem Ausmaß der Umweltheterogenität entsprechen sollte (vgl. Macharzina & Wolf, 2008, 71). In Anlehnung an Ashby impliziert das „Gesetz der notwendigen Varietät“, dass der Varietät der Umwelt nur durch eine mindestens ebenso hohe Eigenvarietät des Systems begegnet werden kann (vgl. Pawlowski & Geppert, 2005, 273 unter Hinweis auf Ashby). Organisationen, die einer hohen Umweltkomplexität ausgesetzt sind, müssen die Komplexität ihrer internen Strukturen erhöhen, um ihre Umwelt erfolgreich handhaben zu können (Pawlowski & Geppert, 2005, 273). Dies gilt auch für die Organisationseinheiten der öffentlichen Verwaltung. Den ursprünglich relativ stabilen und wenig komplexen öffentlichen Systemumwelten entsprechen bürokratisch verfasste Organisationssysteme mit angemessenen Lern- und Entwicklungsstrukturen. Den gegenwärtigen und zukünftigen, ungleich komplexeren und dynamischeren öffentlichen Systemumwelten in Verbindung mit den deutlich gestiegenen Erwartungen und Anforderungen der Gesellschaft und der Politik an den öffentlichen Sektor entspricht die Eigenvarietät der traditionellen bürokratischen Organisation jedenfalls nicht mehr. Hier bedarf es einer deutlichen Steigerung der Eigenvarietät und eines radikalen Wandels zu wesentlich lern- und entwicklungsfähigeren, innovativeren und anpassungsfähigeren Organisationstypen (vgl. dazu ausführlich Pawlowski & Geppert, 2005, 273 ff.).

Soziale System müssen sich in Anlehnung an König und Volmer in einer Art von „Koevolution“ mit ihrer Systemumwelt befinden (König & Volmer, 2000, 232). Organisatorisches Lernen kann als die spezifische Fähigkeit bezeichnet werden, die es Systemen ermöglicht, relevante Veränderungen ihres Umfeldes rechtzeitig und wirksam umzusetzen (vgl. Bertels, 2007, 54), wobei im Rahmen organisatorischer Lernprozesse der ursprünglich auf Individuen bezogene Lernbegriff auf soziale Systeme sinngemäß übertragen wird (König & Volmer, 2000, 232).

Organisationales Lernen ist – im Sinne des kognitiven Lernbegriffs – ein Prozess der Erhöhung oder Veränderung der organisatorischen Wert- und Wissensbasis, die Verbesserung der Problemlösungs- und Handlungskompetenz sowie die Veränderung des gemeinsamen Bezugsrahmens von und für Mitglieder innerhalb der Organisation (vgl. König & Volmer, 2000, 320). In Anlehnung an

Malik lernt ein System, indem Optimierungen auf der Metaebene vorgenommen werden (Mayer, 2003, 75 unter Hinweis auf Malik). Dies bedeutet, dass nicht nur ein spezieller Anpassungszustand verbessert wird, sondern die Anpassungsfähigkeit des Systems (vgl. Mayer, 2003, 75 m.w.Nw.).

Bei dem Rückgriff auf Ansätze der Evolutions- und Lerntheorie wird die Veränderung und Entwicklung sozialer Systeme begrifflich einmal als Evolution bezeichnet, das andere Mal als organisatorisches Lernen (vgl. König & Volmer, 2000, 331). Der Evolutionsbegriff betont dabei stärker die Fähigkeit sozialer Systeme, sich selbst zu entwickeln, wobei Variation, Selektion und Tradierung Phasen dieses Entwicklungsprozesses bilden (vgl. König & Volmer, 2000, 227).

Unter dem Begriff der Tradierung versteht man die Fähigkeit eines Systems zur Reproduktion als Voraussetzung der evolutionären Prozesse. Variation bedeutet das Entstehen neuer Eigenschaften durch Kombination oder Mutation. Die Selektion stellt eine Auslese im Sinne der für das Überleben am besten angepassten Individuen („the fittest“) dar (vgl. dazu ausführlich König & Volmer, 2000, 227). Das Grundmodell der Evolution kann jedoch nicht bruchlos auf soziale Systeme übertragen werden (König & Volmer, 2000, 227). Im Rahmen sozialer Systeme erfolgt die Informationsweitergabe nicht über Gene, sondern über so genannte „Comps“. Diese spezifischen „Kompetenzen“ oder spezifischen Wissensbestände werden – einschließlich ihrer Deutungen – in schriftlicher oder mündlicher Form tradiert. Bei der Tradierung von „Comps“ treten auch in sozialen Systemen Variationen auf. Die Generierung neuen Wissens kann intendiert (zum Beispiel durch die zielgerichtete, problem- und lösungsorientierte Erzeugung von Alternativen) oder nicht-intendiert (zum Beispiel durch zufällige Wissenserweiterung) erfolgen. Die Tradierung und Eliminierung von Variationen wird auch in sozialen Systemen durch den Mechanismus der Selektion gesteuert (vgl. König & Volmer, 2000, 228). Dies kann im Extremfall zum Kollaps sozialer Systeme oder zur Eliminierung von Teilsystemen führen. Häufig werden Selektionen in sozialen Systemen nicht extern, durch die Umwelt, sondern intern und nach eigenen Regeln des Systems gesteuert. Organisatorische Umstrukturierungen oder Reorganisationen erfolgen häufig nicht auf Grund eines Selektionsvorteils, auch wenn ein solcher postuliert wird, sondern aus dem Interesse bestimmter Systemmitglieder, ihren eigenen Machtbereich zu erhalten oder einen anderen Einflussbereich aus machtpolitischen Gründen zu beschränken (vgl. König & Volmer, 2000, 229).

Der Begriff des Organisationslernens lenkt im Gegensatz zum Evolutionsbegriff die Aufmerksamkeit insbesondere auf den Erwerb und die Weitergabe neuen Wissens in einem sozialen System (vgl. König & Volmer, 2000, 231). Da eine Organisation niemals den Zustand einer „fertigen“ Lernenden Organisation erreichen kann (vgl. Bertels, 2007, 54), kommt dem geplanten organisatorischen

Wandel und dem zielgerichteten, „gesteuerten" Prozess permanenter Anpassung und Veränderung auch zukünftig eine besondere Bedeutung zu.

8.2 Die Bedeutung eines wirksamen Informations- und Wissensmanagements im Rahmen organisationaler Lern- und Entwicklungsprozesse

Auch für den öffentlichen Sektor gilt, dass es erst mit Hilfe von Informationen gelingt, die traditionellen Produktionsfaktoren sinnvoll zu kombinieren (vgl. Macharzina & Wolf, 2008, 869 ff.) und durch deren optimalen Einsatz den gesamten Leistungserstellungsprozess möglichst effizient und effektiv zu gestalten. In den vergangenen Jahren und Jahrzehnten wurde die vorhandene Informations- und Kommunikationstechnik nochmals erheblich ausgebaut und dem Stand der Technik so weit wie möglich laufend angepasst. Nahezu alle Organisationseinheiten der öffentlichen Verwaltung verfügen heute über zeitgemäße EDV-Ausstattungen, über moderne Informations- und Kommunikationstechniken, über Managementinformationssysteme sowie über moderne Dokumenten- und Prozessmanagementsysteme zur Unterstützung der primären und sekundären Aufgabenerledigung. Die Aufgaben der früheren Rechenzentren und der internen Informationsverarbeitungseinheiten der Behörden wurden häufig unter dem Dach eines zentralen und spezialisierten IT-Dienstleisters gebündelt. Dennoch bieten gerade die IuK-Technologie sowie das Informations- und Wissensmanagement auch zukünftig ganz erhebliche Optimierungspotenziale in fachlicher und wirtschaftlicher Hinsicht, sofern es gelingt, die Technologie unter Beachtung der organisatorischen Ziele und unter Sicherstellung einer möglichst kunden- und anwenderfreundlichen Funktionalität in das bestehende Arbeitssystem wirksam zu integrieren. Es ist Macharzina und Wolf zuzustimmen, dass die Informations- und Kommunikationstechnik für das Management lediglich instrumentellen Charakter hat und die zu lösenden Probleme im Regelfall eher fachlicher Natur sind (vgl. Macharzina & Wolf, 2008, 891). Dennoch kommt der IuK-Technologie, insbesondere den standardisierten, it-gestützten Arbeitsprozessen und Workflows auch im Rahmen der Verwaltungsreform und der Effizienz- und Effektivitätssteigerung eine große strategische Bedeutung zu. Das Management der öffentlichen Verwaltung erhält über die Instrumente der modernen IuK-Technologie ganz andere Möglichkeiten, notwendige organisatorische und fachliche Optimierungen schnell und effektiv zu erzielen und eine flächendeckende, wettbewerbsfördernde Isomorphie der wesentlichen Strukturen und Prozesse zu erreichen. Diese strukturelle Isomorphie ist im Hinblick auf die Vergleichbarkeit der einzelnen Organisationseinheiten und deren Leistungsfähigkeit, insbesondere im Hinblick auf die Aussagefähigkeit bestehender Kennzahlen- und Indikatorensysteme von großer Bedeutung. Die Beeinflussung der Arbeitswirklichkeit durch Mittel der IuK-Technologie ist zudem häufig wesentlich nachhaltiger, schneller und wirksamer als die ausgesprochen mühsamen und oftmals äußerst langwierigen und mit großen Widerständen behafteten organisatorischen, inkrementalen Lern- und Entwicklungsprozesse. Während früher das Mittel der Organisation als Substitut der Führung eingesetzt wurde, wird heute die IuK-Technologie als „Substitut" organisationaler Lern- und Entwicklungsprozesse instrumentalisiert. Dieses Vorgehen birgt jedoch das Risiko, die eigentlich angestrebte permanente Lern- und Entwicklungsbereitschaft der öffentlichen Verwaltung mittel- bis langfristig infolge einer zu starken „Pfadabhängigkeit" und einer zu ausgeprägten „Vorgehensstandardisierung" deutlich einzuschränken.

Bereits seit Mitte der 90er Jahre gewinnt Wissensmanagement als ganzheitlicher Ansatz zur Verbesserung der Innovationsfähigkeit, der Prozesseffizienz und der Anpassungsfähigkeit an ständig wechselnde Anforderungen zunehmende Bedeutung in Organisationen (vgl. Abecker et al., 2002, 1 unter Hinweis auf Nonaka & Takeuchi).

Wissensmanagement ist ein systemischer und strukturierter ganzheitlicher Ansatz der implizites (verborgenes) und explizites (dokumentiertes) Wissen in der Organisation als strategische Schlüssel-Ressource versteht und daher darauf abzielt, den Umgang mit Wissen auf allen Ebenen (Individuum, Gruppe, Organisation und Organisationsumwelt) nachhaltig zu verbessern, um Kosten zu senken, Qualität zu steigern, Innovation zu fördern und Entwicklungszeiten zu verkürzen (vgl. Abecker et al., 2002, 2 unter Hinweis auf Schmid et al.). Im Rahmen des organisationalen Lernens und des IuW-Managements geht es darum, Wissen schnellstmöglich zu generieren, zu transferieren und zu nutzen. Der Prozess der Veränderung der Wissensbasis über die eine Organisation verfügt, kann als organisationales Lernen bezeichnet werden (vgl. Macharzina & Wolf, 2008, 892).

Neben der Schaffung und Veränderung eines gemeinsam geteilten organisationalen Wissensbestandes kann auch die Veränderung des Verhaltens durch Aneignung neuer Denk- und Verhaltensmuster als organisatorisches Lernen bezeichnet werden (vgl. Bruns & Ridder, 2001, 211). Man unterscheidet zwischen dem so genannten organisatorischen Anpassungslernen (single-loop-learning) unter Beibehaltung der anleitenden Handlungsziele und dem so genannten organisatorischen Veränderungslernen (double-loop-learning) unter Überwindung der bestehenden Handlungsziele zur Ermöglichung neuer Handlungsstrategien (vgl. Bruns & Ridder, 2001, 211 ff.).

Betrachtet man nun die Arbeitsrealität in öffentlichen Organisationen, so mangelt es sicher nicht an der Menge der insgesamt vorgehaltenen Daten, allenfalls an deren Qualität und Verfügbarkeit sowie an einer sinnvollen Interpretation und kontextbezogenen Nutzung. Häufig unterbleibt auch die erforderliche Verknüpfung mit dem Ziel, die vorhandene organisationale Wissensbasis zu verändern und zu erweitern. Daten sind die Ausgangsbasis für Informationen und für die Generierung von neuem Wissen (vgl. Dreyer & Richter, 201, 301). Unter dem Begriff der Daten werden unbewertete Fakten quantitativer und qualitativer Art subsumiert. Die Organisation, die Speicherung und das Verfügbarmachen von Daten wird in der Regel unter dem Begriff des Datenmanagements zusammengefasst (vgl. Dreyer & Richter, 2001, 301).

Daten entstehen immer dann, wenn Beobachter unterscheiden und bezeichnen (vgl. Simon, 2009, 60). Die unterschiedliche Wahrnehmung eines Individuums ist „an sich“ bedeutungslos und sinnfrei (vgl. Simon, 2009, 60). Damit Daten existent werden und gelesen werden können, müssen sie in irgendeiner Form codiert werden. Dem Menschen stehen – trotz modernster Technik – nur drei Möglichkeiten der Codierung zur Verfügung: Zahlen, Sprache (Texte) und Bilder (vgl. Simon, 2009, 60). Jede Kommunikation unterliegt dieser Begrenzung. Der Unterschied zwischen bloßen Daten und Informationen besteht in der Zuschreibung von Sinn oder Bedeutung. Erst wenn Daten Sinn zugeschrieben wird entstehen Informationen (vgl. dazu ausführlich Simon, 2009, 61; Dreyer & Richter, 2001, 302). Wissen entsteht, wenn Informationen („sinnvolle Daten“) in einen Praxiszusammenhang eingebunden werden und daraus eine neue oder veränderte Praxis erfolgt (vgl. Simon, 2009, 62 unter Hinweis auf Wilde). Wissen ist somit die zweckorientierte Vernetzung von Informationen („verstandene Informationen“), die Wissensträger in die Lage versetzt, Aktionen und Handlungen zu bestimmen und gesetzte Ziele zu erreichen (vgl. Dreyer & Richter, 2001, 302). Unter dem Begriff Informations- und Wissensmanagement lassen sich die Instrumente und Methoden subsumieren, mit denen Organisationen Informationen und Wissen für den Erfolg ihrer Leistungen und ihres Wirkens erschließen und nutzbar machen. Ziel des Informations- und Wissensmanagements ist es, zu gewährleisten, dass Informationen und Wissen in der erforderlichen Qualität und Quantität in nutzbarer Form zur rechten Zeit am rechten Ort der Handlung zur Verfügung stehen (vgl. dazu ausführlich Dreyer & Richter, 2001, 303 ff.).

Definiert man nun Lernen als Veränderung von Wissen, so ergibt sich daraus auch das Problem der „Notwendigkeit von Lernen und Nicht-Lernen“ in Organisationen. Aus diesem Grunde sind die Instrumente und Methoden der modernen IuK-Technik und des modernen Informations- und Wissensmanagement durchaus ambivalent. Sie wirken einerseits – richtig eingesetzt – lern- und innovationsfördernd, andererseits – in Form fest definierter Pfade sowie in Form fest definierter „Pools“ – eher lern- und innovationshemmend. Was die Organisation in standardisierter und dokumentierter Form einmal sicher „weiß“, muss von den Systemmitgliedern nicht mehr hinterfragt und „neu gedacht“ werden. In diesen Fällen muss aus Sicht der Organisation insoweit auch kein neues Wissen mehr generiert werden. Analog zur traditionellen Problematik der Über- oder Untersteuerung (Über- oder Unterorganisation) von Systemen ist es auch bei der Implementierung und Nutzung der Möglichkeiten der modernen IuK-Technologie sowie des Informations- und Wissensmanagements eine zentrale Aufgabe des Managements konkret aufgaben- und erfolgsbezogen das richtige Maß von „Wissen“ und „Lernen“ und die richtige Balance zwischen Wissensveränderung und bloßer Wissensnutzung zu finden.

8.3 Systematisches Change- und Transformationsmanagement als Basis erfolgreicher Veränderungs- und Entwicklungsprozesse

8.3.1 Die Notwendigkeit organisationalen Wandels und permanenter Anpassung und Entwicklung

In Anlehnung an C. Darwin überleben nicht die Stärksten der Spezien, nicht die Intelligentesten, sondern die, die am schnellsten auf Veränderungen reagieren können. Die Wissenschaft beschäftigt sich angesichts der Auswirkungen einer zunehmenden Dynamisierung der Umwelt seit vielen Jahren mit der Notwendigkeit einer permanenten Veränderung von Organisationen und der Steuerung komplexer Veränderungs- und Entwicklungsprozesse. Was man sich unter dem Management des Wandels oder dem Begriff des Veränderungsmanagements konkret vorstellt, hängt von den Grundannahmen über Organisationen, deren Steuerung und Funktionsweise ab.

Der entscheidende Erfolgsfaktor für das Überleben von Systemen liegt in ihrer Fähigkeit, notwendige Veränderungen vorwegzunehmen und sich den veränderten Rahmenbedingungen rechtzeitig anzupassen (vgl. Glass, 1997, 226; König & Volmer, 2000, 222 ff.).

Im Rahmen des Anpassungsverhaltens von Systemen ist zu berücksichtigen, dass Organisationen einerseits umweltabhängig sind, zugleich aber in ihren Operationen und Strukturbildungen autonome Einheiten darstellen (vgl. dazu ausführlich von Eckardstein & Zauner, 1999, 419). Sie sind daher in ihren Antworten auf die spezifischen Anforderungen ihrer Umwelt frei, bleiben aber auf externe Ressourcen und externe Akzeptanz angewiesen. Es erfolgt somit ein permanenter Prozess der Selektion angemessener Strukturmuster im Sinne isomorpher Prozesse, um einen funktionsgerechten Austausch zu den relevanten Umwelten gewährleisten zu können (vgl. von Eckardstein & Zauner, 1999, 422).

Die Fähigkeit von Systemen, sich kontextbezogen „neu auszurichten", stellt nicht nur ein zentrales Thema der biologischen Evolution im Sinne Darwins oder Lamarcks dar. Das Erfordernis einer permanenten, endogenen Anpassung an veränderte Umweltbedingungen besteht auch im modernen Wirtschaftsleben. Müller umschreibt diese systemische Adaptionsfähigkeit sehr plastisch mit dem Begriff der „evolutionären Vitalität" (vgl. Müller, 2000, 306).

Anpassungs- und Veränderungsprozesse können sich in unterschiedlichen Geschwindigkeiten und in unterschiedlicher Intensität vollziehen. Häufig werden lange Zeiträume eines eher kontinuierlichen Wandels durch massive Diskontinuitäten unterbrochen, die das erforderliche „Gleichgewicht" des Systems massiv erschüttern (vgl. Tushman & O Reilly, 1998, 38).

Permanente Innovationen und globale Vernetzung führen immer wieder zu neuen, andersartigen Wettbewerbsbedingungen. Das Wettbewerbsumfeld, die Interaktionen und Strategien der Wettbewerber werden zunehmend dynamischer (vgl. Day & Reibstein, 1998, 16), die Umweltveränderungen werden immer weniger berechenbar und prognostizierbar (Pawlowski & Geppert, 2005, 261). Komplexität, Diskontinuität und Dynamik sind wesentliche Charakteristika der „modernen" Organisationsumwelt. Die Überlebensfähigkeit von Systemen hängt – wie bereits dargelegt – entscheidend davon ab, ob diese in der Lage sind, sich sowohl reaktiv als auch proaktiv an veränderte Bedingungen anzupassen (vgl. Pawlowski & Geppert, 2005, 261) oder veränderte, günstigere Bedingungen selbst zu schaffen. Der akzelerierte Wettbewerb in einer globalisierten und vernetzten Welt setzt – mehr denn je – die Fähigkeit der Systeme zu Antizipation und zu dynamischer Veränderung voraus. Der Aufbau, der langfristige Erhalt und die Verteidigung vorteilhafter Positionen erfordert das Vorhandensein flexibler, der Selbstorganisation fähiger Strukturen. Lernende und sich selbst entwickelnde Organisationen müssen auf der Basis spezifischer, dynamischer Kernkompetenzen neues Wissen und neue „Comps" („Kompetenzen") generieren und nutzbringend einsetzen können.

Organisationen haben heute grundsätzlich nur zwei Möglichkeiten: Zu lernen und sich weiterzuentwickeln oder letztlich unterzugehen (vgl. Grove, 1999, 13). In einer vergänglichen Welt können Organisationen jedweder Art jedenfalls nicht dauerhaft stabil und unverändert bleiben (vgl. von Eckardstein & Zauner, 1999, 421).

Im Zusammenhang mit der Steuerung organisationaler Veränderungsprozesse kommt nicht nur der fachlich-methodischen, sozialen und personalen, sondern in besonderem Maße auch der systemischen Kompetenz der Führungskräfte und der Fähigkeit des Systems sowie der Systemmitglieder zur Selbstorganisation eine zentrale Rolle zu.

Während die herkömmlichen Modelle des Wandels durch ein eher „lineares", oftmals mechanistisches Verständnis geprägt sind und daher insbesondere in bürokratisch geprägten Organisationen auf fruchtbaren Boden fallen, eröffnen die Konzepte der Selbstorganisation, der lernenden Organisation und der interpretativen Organisationstheorie andere Perspektiven. Der grundlegende Unterschied zur traditionellen Organisationslehre besteht insbesondere in der Sichtweise, mit der die Notwendigkeit von Veränderungen und Entwicklungen sowie deren Planbarkeit und Beherrschbarkeit beurteilt werden. Wandel und strukturelle Veränderung werden nicht als zeitlich begrenzte, beherrschbare und vollständig planbare Prozesse oder als „betrieblicher Störfall", sondern als dauerhafte Managementaufgabe verstanden (vgl. Dietrich, 2001, 48). Die Initiierung und Steuerung grundlegender Veränderungs- und Entwicklungsprozesse ist „Chefsache", das organisationale Lernen ist Aufgabe des gesamten Systems, das individuelle Lernen Pflicht eines jeden Einzelnen. Die gesamte Organisation muss dazu – als lernendes System – eine adäquate Veränderungskultur entwickeln, die die erforderlichen Entwicklungs- und Anpassungsprozesse ermöglicht und fördert.

Die notwendige Fähigkeit eines Systems zur Anpassung und „Selbststabilisierung" umschreibt Müller mit dem Begriff der synergetischen Stabilität (vgl. Müller, 2000, 300 ff.). Je größer die synergetische Stabilität eines Systems ist, desto größer ist die Effizienz, mit der es seinem Zweck nachkommt, und desto größer dürfen die externen Störungen sein, die es noch selbständig ausgleichen kann (vgl. Müller, 2000, 300 ff.). Die richtige Balance zwischen synergetischer Stabilität und evolutionärer Vitalität oder Dynamik bestimmt die Überlebensfähigkeit eines Systems. Der damit verbundene Erhalt der Organisationsexistenz dient letztlich den Interessen aller Systemmitglieder.

Im Gegensatz zur Privatwirtschaft, der infolge des realen Wettbewerbs die Bereitschaft zu permanenter Anpassung und Entwicklung immanent ist, wird die Notwendigkeit organisatorischen Wandels in der öffentlichen Verwaltung – auch nach vielen Reformjahren – immer noch höchst unterschiedlich beurteilt. Die Erfahrungen, die insbesondere externe Berater mit der Durchführung und Begleitung von Veränderungsprozessen in den Organisationseinheiten der öffentlichen Verwaltung gemacht haben, dürften insgesamt eher „negativ geprägt" sein (vgl. Hansmann, 2004, 15 ff.). Ein wesentlicher Grund für das „Versanden" vieler Reformprojekte und für die fehlende Nachhaltigkeit der eingeleiteten Reformmaßnahmen ist – neben den bereits ausführlich dargestellten Gründen – eine viel zu oberflächliche Beschäftigung und Auseinandersetzung der Verantwortlichen mit der System- oder Organisationswirklichkeit. Viele Veränderungsstrategien in den öffentlichen Verwaltungen gehen von einem wirklichkeitsfernen Menschenbild aus und basieren auf einem zum Teil sogar anachronistischen Organisationsverständnis. Hinzu kommt, dass sich die Erfahrungen, die im Rahmen privatwirtschaftlicher Changeprojekte gesammelt wurden, nicht ohne weiteres auf Veränderungsprozesse in der öffentlichen Verwaltung übertragen lassen. Dies gilt in besonderem Maße für die Einschätzung des internen und externen Veränderungsdrucks. Auch die eigentliche Zielsetzung der Verwaltungsmodernisierung im Kontext der allgemeinen Staats- und Verwaltungsreform bleibt für viele Mitarbeiterinnen und Mitarbeiter auch nach Jahren der Reform im „Nebel“. Hier wäre bisweilen eine deutlichere „Ansage“ der Verantwortlichen hilfreich: „Sinn und Zweck der Verwaltungsreform und Verwaltungsmodernisierung ist die Steigerung der Organisationsproduktivität und damit eine Steigerung der „wirtschaftlichen Leistungsfähigkeit“ (Effizienz und Effektivität) des Systems. Es geht nicht primär um das Erreichen einer möglichst hohen individuellen Zufriedenheit der Systemmitglieder oder um die Überwindung psychischer und sozialer Defizite der öffentlichen Organisationen“ (vgl. Schäfer, 2005, 24). Auch persönliche „Komfortzonen“ der Beschäftigten oder „lieb gewonnene Gewohnheiten“ stehen in der öffentlichen Verwaltung nicht unter organisatorischem Bestandsschutz. Die öffentliche Verwaltung kann unter dem weiter anhaltenden Modernisierungsdruck und unter Berücksichtigung der Auswirkungen der langjährigen linearen Einsparquoten nicht dauerhaft die „Rolle“ eines „wettbewerbsfreien Biotops“ einnehmen. Jeder „Ausfall“, jede Schlechtleistung im System, jede ungenutzte Effizienzreserve führt zu einer immer stärkeren Beanspruchung und Belastung der noch vorhandenen leistungsfähigen und leistungswilligen Systemmitglieder und damit zu einer immer größeren, und unter Berücksichtigung von Alimentation, Fürsorge- und Gerechtigkeitsaspekten, auch nicht mehr vertretbaren „Schieflage“ von „geforderter Leistung“ einerseits und „tolerierter Nicht- oder Schlechtleistung“ andererseits innerhalb derselben Organisation.

Setzt man sich als Change Agent, systemischer Organisationsberater oder Promotor mit grundlegenden Veränderungsprozessen und deren Beherrschbarkeit auseinander, so ist es unabdingbar, zunächst die im betroffenen System tatsächlich vorherrschende Organisationsperspektive – das maßgebliche Organisationsverständnis der Systemmitglieder – zu erfassen und zu hinterfragen. Die Verwaltungswirklichkeit steht dem klassischen Organisationsansatz der Fremdorganisation bürokratisch-mechanistischer Prägung immer noch sehr nahe. Diese traditionelle Sichtweise führt dazu, dass sowohl die Leitung als auch die Beschäftigten der öffentlichen Verwaltung selbst in Zeiten radikaler Veränderungen zunächst noch von relativ stabilen und berechenbaren Umweltbedingungen und von einer genauen Definierbarkeit des Problems ausgehen. Organisationsentwicklung wird zudem als typische, zeitlich begrenzte „Berateraufgabe“ verstanden, für deren Erledigung man „möglichst viele“ und „möglichst teure“ Spezialisten „einkaufen“ muss. Aus diesen Gründen werden Wandel und permanente Veränderung nicht als integraler Bestandteil der Organisationseinheiten der öffentlichen Verwaltung und damit auch nicht als systemeigene Aufgabe wahrgenommen.

Die in der Verwaltungswirklichkeit verankerten Formalismen und die Regelsteuerung der öffentlichen Verwaltungen dienen vielmehr der Erhaltung und Sicherung eines bestimmten Status quo. Hinzu kommt, dass die öffentlichen Verwaltungen infolge ihrer bürokratisch-mechanistischen „Prägung“ eine Kritik- und Fehlerkultur „eigener Art“ entwickelt haben. Fehler und Probleme, die normalerweise zu entsprechenden Reaktionen, Veränderungen und Lernprozessen führen müssten, werden vom gesamten System weitestgehend ignoriert. Stattdessen werden von Teilen des Systems defensive Routinen oder fundamentale Regeln generiert, die das Entdecken dieser Fehler und Probleme sowie daraus resultierender Veränderungen gerade verhindern sollen (vgl. Dietrich, 2001, 178). Die öffentliche Verwaltung „lebt“ von Routinen, Konventionen und überlieferten, eingeübten Handlungsmustern und bewegt sich auf definierten „Pfaden“. Sie bezieht ihre Stabilität, die im Kontext gescheiterter Reformprozesse vielfach auch als generelle „Reformresistenz“ oder „Modernisierungsfeindlichkeit“ fehlinterpretiert wird, in viel stärkerem Maße aus Verhaltensroutinen und „Ritualen“ als aus rationalem Handeln. Zu einem vergleichbaren Ergebnis kommt auch Schäfer (2005, 15 ff.), der zutreffend feststellt, dass die Veränderungs- und Entwicklungsresistenz von Verwaltungen das Ergebnis einer jahrzehntelangen Standardisierung der Verhaltensmuster der Beschäftigten darstellt (Schäfer, 2005, 47 ff.). Anstehende Aufgaben werden in Anlehnung an Schäfer (2005, 53) regelmäßig ohne genaue Planung, ohne Zeitlimit, ohne Prioritätensetzung und ohne strategische Reflexion und Abstimmung mit anderen Hierarchieebenen bearbeitet. Bearbeitet wird, was anfällt. Dieser „Beschäftigungsfatalismus“ stellt ein fest etabliertes, arbeitsorganisatorisches Gewohnheitsmuster in öffentlichen Verwaltungen dar (vgl. Schäfer, 2005, 52 ff.). Als Summe der vielen Routinen und Gewohnheitsmuster kreiert die Gesamtorganisation eine Unmenge von Koordinierungsproblemen, Planungsengpässen und falschen Ressourceneinsätzen, die zu einer spürbaren Beeinträchtigung der Arbeitsproduktivität und insgesamt zu einer ineffizienteren und ineffektiveren Gesamtleistung der Organisation führen (vgl. Schäfer, 2005, 53). Da der öffentliche Dienst zudem stärker sicherheits- und stabilitätsorientiert als entwicklungs- und veränderungsorientiert ist, lässt sich im Rahmen von organisationalen Changeprojekten immer wieder feststellen, dass das Management der öffentlichen Verwaltungen – auch nach vielen Reformjahren – mit den Instrumenten und dem eher linearen Verständnis der klassischen Organisationslehre stabile und dauerhafte Organisationszustände sowie ein Höchstmaß an individueller und organisatorischer Sicherheit in einer äußerst dynamischen, unsicheren und oftmals bedenklich instabilen Welt anstrebt.

Grundlegende und nachhaltige Veränderungen in sozialen und sozio-technischen Systemen entstehen – wie zuvor dargelegt – insbesondere durch Lernen, Kommunikation und entsprechendes Handeln der am System beteiligten Menschen (vgl. Heeg, 2000, 459). Das Verhalten der Menschen, deren Entscheidungen, Handlungen und deren Kommunikation „prägen“ und „konstituieren“ die Organisation und die organisatorische Wirklichkeit. Das System und die Systemmitglieder selbst erzeugen eine bestimmte Realität. Dies gilt selbstverständlich auch für die Organisationseinheiten der öffentlichen Verwaltung. Ein langfristig erfolgreiches Management wird daher stets versuchen, die notwendigen Prozesse des Wandels und des Lernens aktiv und zielbezogen zu gestalten und den Systemmitgliedern die „Sinnhaftigkeit“ der Veränderungen und des organisationalen Lernens „begreifbar“ zu machen. Voraussetzung für organisationale Lernprozesse und nachhaltigen Wandel ist eine angemessene Veränderungs- und Lernkultur. Die Lernkultur als Teil einer umfassenden Organisationskultur muss behutsam gestaltet und geformt werden, ohne sie zu verordnen oder „überzustülpen“ (vgl. Bertels, 2008, 79). Eine wirksame Veränderungs- und Lernkultur kann nicht im Weisungswege erlassen werden, sie will erarbeitet, kultiviert, entwickelt sein und zwar im täglichen Umgang mit Veränderungen (vgl. Bertels, 2008, 79).

Kein System – auch keine traditionelle Hoheitsverwaltung – kann mehr darauf vertrauen, einen radikalen politischen, gesellschaftlichen oder wirtschaftlichen Wandel – einen Paradigmenwechsel – ohne eigene Lern- und Entwicklungsprozesse und ohne den Nachweis der notwendigen Veränderungen und Anpassungen an die tatsächlichen Umweltbedingungen unbeschadet zu überstehen.

8.3.2 Organisationaler Wandel und Veränderungsmanagement

Mit dem Begriff des organisatorischen Wandels bezeichnet man allgemein die nachhaltige Veränderung eines Systems beziehungsweise einer Organisation. Der Wandelprozess bezeichnet dabei den Weg von einer gegenwärtigen zu einer zukünftigen Organisation oder den Weg von einem Ist- zu einem Soll-Zustand (vgl. Ebers & Maurer, 2002, 473; Edtinger, Mayr & Wagner, 2004, 22). Prozesse des Wandels bauen auf der Kopplung mehrerer Ebenen auf, deren Interaktion synchronisiert werden muss (vgl. Bock, 2008, 15). Die erste Ebene des Wandels stellt die Ebene des gemeinsamen Lernens dar. Auf der zweiten Ebene wird das Gelernte zur Gestaltung der Leistungsprozesse und zur Bestimmung der Entwicklungsrichtung angewendet. Die dritte Ebene stellt die Ebene der Partizipation und Einbeziehung aller Beteiligten in die Verantwortung und Umsetzung dar (vgl. dazu ausführlich Bock, 2008, 15 ff.). Die effektive Synchronisation der verschiedenen Interaktionen setzt ein geeignetes Veränderungsmanagement voraus.

Unter dem Begriff Veränderungsmanagement lassen sich die Aufgaben, Maßnahmen und Tätigkeiten zusammenfassen, die eine umfassende Veränderung zur Umsetzung neuer Strategien, Strukturen, Prozesse und Verhaltensweisen in einer Organisation oder in einem System bewirken sollen. Mit Hilfe des Veränderungsmanagements, das auch als Innovationsmanagement im weiteren Sinne bezeichnet werden kann, soll erreicht werden, dass Veränderungsprozesse und Innovationen möglichst zielorientiert ablaufen und Problemlösungen schneller gefunden und effizienter bearbeitet werden (vgl. Macharzina & Wolf, 2008, 751). Die Aufgabe des Veränderungs- und Innovationsmanagements besteht somit letztlich darin, die im Neuerungsprozess verborgenen Chancen wahrzunehmen und die bestehenden Risiken rechtzeitig zu erkennen und zu minimieren (vgl. Macharzina & Wolf, 2008, 7519). Das professionelle Veränderungs- und Innovationsmanagement stellt – entgegen einer weit verbreiteten Ansicht in der Verwaltungspraxis – eine originäre Führungsaufgabe des Top-Managements dar (vgl. Macharzina & Wolf, 2008, 751). Diese originäre Managementaufgabe kann weder delegiert noch „ausgelagert" werden.

Im Rahmen von so genannten Change- oder Veränderungsprozessen lassen sich verschiedene Arten des Wandels unterscheiden.

Man unterscheidet zwischen einem ungeplanten Wandel, einem „ad-hoc" eingeleiteten Wandel und einem geplanten organisatorischen Wandel, der eine bewusste Entscheidung des Systems voraussetzt, die Arbeits- und Funktionsweise – im Sinne einer zielgerichteten Umgestaltung – nachhaltig zu verändern und einen entsprechenden Veränderungsprozess einzuleiten (vgl. Staehle, 1999, 899; Schanz, 1994, 382). Die Reform der öffentlichen Verwaltung nach Maßgabe des so genannten „Neuen Steuerungsmodells" stellt einen intendierten, grundlegenden Veränderungsprozess und damit einen geplanten organisatorischen Wandel dar.

Man kann die Arten des Wandels auch nach dem Ausmaß und der Intensität unterscheiden. Bei einem so genannten Wandel erster Ordnung, der eher kontinuierlich verläuft, erfolgt eine inkrementale Modifikation der Arbeitsweise einer Organisation ohne Veränderung des vorherrschenden Bezugsrahmens oder des dominanten Interpretationsschemas (vgl. Staehle, 1999, 900; Robbins, 2001, 630).

Das Konzept dieser Organisationsveränderung wird üblicherweise als „Organizational Development“ oder „Organisationsentwicklung“ im engeren Sinne bezeichnet.

Ein inkrementales Vorgehen ist insbesondere dadurch gekennzeichnet, dass Ziele und Mittel in der Nähe des Vertrauten liegen, die Veränderungen des Status quo in kleinen Schritten erfolgt und es keine endgültigen Problemlösungen, sondern ständig neue Korrekturen gibt (vgl. Staehle, 1999, 523). Das inkrementale Vorgehen basiert auf dem Grundgedanken, dass in einem komplexen System von mehreren Akteuren mit jeweils eigenen Interessen Anpassungen immer nur schrittweise erfolgen können (vgl. Beyer, 2001, 125), ohne das System zu überfordern. Das Neue Steuerungsmodell, der tief greifende Werte- und Kulturwandel sowie die Dynamik und oftmals – scheinbare – Paradoxie der Umweltbedingungen stellt für viele Systemmitglieder der öffentlichen Verwaltung eine Art „black box“ dar. Der Umgang mit dem veränderten Weltbild erfordert ein hohes Maß an Ambiguitätstoleranz. Insbesondere die Führungskräfte müssen permanent Unsicherheiten und Spannungsfelder aushalten, widersprüchliche Informationen erfassen und verarbeiten sowie komplexe Sachverhalte durchdringen und auf das für die Organisation Wesentliche reduzieren können. Es ist in Zeiten radikaler Veränderungen und hoher Unsicherheiten besonders wichtig, dass die Führungskräfte den Veränderungs- und Gestaltungsdruck, der auf ihnen selbst lastet, nicht „ungebremst“ an die Systemmitglieder „weitergeben“, sondern innerhalb des Systems für das notwendige Maß an Orientierung, Stabilität, Transparenz und Struktur sorgen. Demonstrativ zur Schau gestellte Orientierungslosigkeit, strategische „Zick-Zack-Kurse“ und „blinder Reformaktionismus“ führen zu einer nicht mehr vertretbaren Verunsicherung und risikoreichen Destabilisierung des gesamten Systems. Man kann im Rahmen von Veränderungsprozessen der öffentlichen Verwaltung in der Funktion eines Organisationsberaters nicht deutlich genug betonen, dass es in komplexen und von großer Unsicherheit und Zielkonflikten geprägten Situationen keine optimalen, standardisierten Lösungen, insbesondere keinen „Königsweg“ gibt. Bereits die situative Organisationslehre, die noch meilenweit vom Modell der „lernenden Organisation“ entfernt ist, erkennt an, dass es in organisatorischen Prozessen keinen „one best way“ sondern allenfalls einen „one best way for each situation“ gibt (vgl. Dietrich, 2001, 61). Daraus folgt, dass auch das Management in der öffentlichen Verwaltung bereit sein muss, bestimmte, kalkulierbare Risiken einzugehen, unterschiedliche Lösungsansätze auf ihre Wirksamkeit hin zu überprüfen und gegebenenfalls ineffektive Vorgehensweisen konsequent zu korrigieren. Dazu gehören auch eine offene Kommunikation, eine konstruktive Lern-, Fehler- und Konfliktkultur sowie ein professionelles Veränderungsmarketing. Häufig ergibt sich erst durch ein pragmatisches, schrittweises Vorgehen eine Lösung, die sich kontextbezogen

– im Hinblick auf ein konkretes Problem – als „Best Practice“ herauskristallisiert. Das Denken in „entweder-oder-Kategorien“ wird den Anforderungen in Veränderungsprozessen komplexer Art jedenfalls nicht gerecht. Erst die Bereitschaft, systemorientiert und ganzheitlich in „sowohl-als-auch-Kategorien“ zu denken und zu handeln, kann die bestehenden Spannungsfelder – zumindest teilweise – auflösen und auch komplexen Changeprojekten zum Erfolg verhelfen. Ganzheitliches Denken verlangt in seiner Abstraktheit nicht etwas Unmögliches von den Systemmitgliedern, insbesondere nicht von den Führungskräften. In Anlehnung an Malik ist die Beitragsorientierung – und damit etwas sehr Konkretes – der eigentliche Kern des ganzheitlichen Denkens (vgl. Malik, 2001, 93). Beitragsorientierung ist die Grundlage jeder Kundenorientierung, sie ist die Voraussetzung für die Entstehung von Kundennutzen und damit auch die Grundbedingung für professionelles Marketing (Malik, 2001, 96). Ganzheitliches Denken in diesem Sinn bedeutet, dass jedes Systemmitglied sich selbst, seine Funktion, seine Rolle und seinen Beitrag als integralen Bestandteil eines größeren Ganzen versteht. Entsteht für die Organisation – aus Sicht der Beteiligten – durch den Beitrag kein erkennbarer „Mehrwert“ und kein spezifischer Systemnutzen, so stellt sich – aus Organisationssicht – die Frage nach der Sinnhaftigkeit der Funktion und der Rolle. Die Kenntnis des Ganzen, der Dienst am Ganzen, das Bewusstsein, etwas Wichtiges zu seiner Entstehung, Erhaltung und zu seinem Erfolg beizutragen, bedeutet ganzheitliches Denken und Handeln in einem ganz einfachen und pragmatischen Sinne (vgl. dazu ausführlich Malik, 2001, 93 ff.). Aus der Summe sämtlicher Beiträge ergibt sich letztlich der Zielerreichungsgrad und damit der Organisationserfolg.

Im Gegensatz zum Wandel erster Ordnung erfolgt bei einem Wandel zweiter Ordnung eine einschneidende strukturelle, paradigmatische Änderung der Organisation in aufbau- und ablauforganisatorischer Hinsicht mit einer Veränderung des Bezugsrahmens (vgl. dazu ausführlich Staehle, 1999, 928 ff.). Verändert werden hier im Rahmen der so genannten Transformation die Grundannahmen über die Organisation, insbesondere das Organisationsparadigma, die Organisationskultur, der Organisationszweck und zentrale Funktionsbereiche sowie die Grundannahmen über die Umwelt (vgl. Staehle, 1999, 928 ff.). Man spricht in diesem Zusammenhang auch von „Organizational Transformation“ (vgl. Staehle, 1999, 900).

Ein solcher Prozess des Wandels zweiter Ordnung kann in Anlehnung an Staehle in die vier Stufen: „Krise, Transformation, Transition und Stabilisierung des Systems“ gegliedert werden (vgl. Staehle, 1999, 907).

Wie bereits dargestellt befinden sich auch die öffentlichen Verwaltungen Deutschlands seit vielen Jahren in einem radikalen Reform- und Modernisierungsprozess. Das traditionelle, primär auf Rechtsanwendung und Gesetzesvollzug ausgerichtete und inputgesteuerte Verwaltungsmanagement hat die Dynamik des globalen Wandels, die Folgen der Ökonomisierung der öffentlichen Verwaltung, die Nachhaltigkeit und Intensität des politischen und gesellschaftlichen Veränderungsdrucks sowie das tatsächliche Ausmaß der wirtschaftlichen und sozialen Probleme unterschätzt. Unterschätzt wurde offenbar lange Zeit auch die Ernsthaftigkeit des politischen Willens, die eingeleiteten Modernisierungs- und Reformmaßnahmen – auch gegen die bestehenden Widerstände – konsequent voranzutreiben und durchzusetzen. Die Beständigkeit und konsequente Nachhaltigkeit der letzten Regierungsprogramme sollte jedoch keine Zweifel an dem politischen Willen zur Fortsetzung des eingeschlagenen Reformweges aufkommen lassen. Dem politisch nunmehr wiederholt manifestierten Willen sollten auch zeitnah wirksame Rahmenbedingungen folgen, die eine schnellere und bessere Umsetzung der Staats- und Verwaltungsreform begünstigen.

8.3.3 Grunddynamiken des Wandels

Im Rahmen von Veränderungsprozessen lassen sich – in Anlehnung an Lewin („Force-Field-Analyse") – folgende Grunddynamiken beobachten (vgl. Staehle, 1999, 592 ff.). Auf der ersten Stufe des Wandels erfolgt ein „Auftauen" des vorhandenen Gleichgewichts des Systems. Auf der zweiten Stufe erfolgt die „Bewegung" oder „Ausrichtung" der Organisation zum neuen Gleichgewicht. Auf der dritten Stufe vollzieht sich ein „Einfrieren" oder „Stabilisieren" des neuen Gleichgewichts. Dieses dreiphasige Grundmodell des Wandels wird häufig auch strukturell auf den Beraterprozess mit den Stufen „unfreezing", „moving" und refreezing" übertragen (vgl. König & Volmer, 2000, 55; Schäfer, 2005, 108 ff.; Kieser, 2006, 154).

In der so genannten Phase des „Auftauens" muss zunächst Veränderungsbereitschaft geweckt werden. Überlieferte Strukturen und Verhaltensmuster sowie lieb gewonnene Gewohnheiten müssen infragegestellt und damit das erforderliche Bewusstsein für die Notwendigkeit zur Veränderung geschaffen werden (vgl. Jäger, 2004, 115). Die Notwendigkeit einer grundlegenden Veränderung und Entwicklung tritt stärker ins Bewusstsein der Akteure. Traditionelles Verhalten wird zunehmend hinterfragt und es entsteht die Einsicht, dass die Einschätzungen der Systemmitglieder nicht mehr mit der Wirklichkeit und den Anforderungen der Systemumwelt übereinstimmen.

Es ist Schäfer zuzustimmen, dass bereits der Einstieg in den Prozess eines geplanten organisatorischen Wandels methodisch-instrumental ausgerichtet sein sollte (vgl. dazu ausführlich Schäfer, 2005, 108 ff.). Die Fokussierung auf fachlich-methodische, heuristische oder systemische Kompetenzen bewirkt, dass die Organisationsmitglieder den eigenen Lern- und Entwicklungsprozess sowie den organisatorischen Wandel als Professionalisierung und nicht als Psychologisierung ihrer Situation erleben (vgl. in diesem Sinne auch Schäfer, 2005, 112). Die über den methodischen Einstieg transportierte Botschaft muss deutlich werden lassen, dass es sich beim Changeprozess nicht um eine einzige „familientherapeutische Großintervention“ handelt, und dass die eingeleitete Verwaltungsreform den Beteiligten helfen soll, die Organisationsproduktivität zu erhöhen und dadurch die politischen Modernisierungs- und Entbürokratisierungsziele zu erreichen (vgl. Schäfer, 2005, 112 ff.).

Der Prozess des Auftauens kann „innere“ oder „äußere“ Ursachen haben (vgl. Dietrich, 2001, 197). Die Probleme des Status quo (Ist-Zustand) und die sich ändernden Umweltbedingungen müssen analysiert und thematisiert werden, und es muss ein möglichst klares Bild des anzustrebenden Zustandes (Soll-Zustand) gezeichnet werden (vgl. Schanz, 1994, 404; Kieser, 2006, 152 ff.).

In der Phase der „Bewegung“ werden konkrete Veränderungsstrategien und daraus abgeleitete Maßnahmen, die zur Erreichung der angestrebten Ziele erforderlich sind, definiert und umgesetzt. Die gesamten Ressourcen der Organisation werden dazu mobilisiert (vgl. Kieser, 2006, 152 ff.). In der Phase des „Einfrierens“ werden die neuen Denk- und Verhaltensmuster stabilisiert und institutionalisiert. Erfolge werden kommuniziert und das erwünschte Verhalten wird durch Anreize gefördert (vgl. Ebers & Maurer, 2002, 475). Dem Grundmodell von K. Lewin liegt eine spezifische „Gleichgewichtslogik“ zugrunde. Ziel von Veränderungen ist demnach die Auflösung eines vorhandenen Gleichgewichts und die Begründung einer neuen, „höheren“ Geichgewichtsstufe. Das Denken in statischen Gleichgewichts- und Stabilitätskategorien führt zwar zu einem sehr anschaulichen Modell des Wandels, es ist jedoch kaum noch – zumindest in der terminologischen Absolutheit eines „Wiedereinfrierens“ – mit dem dynamischen Modell des permanenten Wandels, der kontinuierlichen Verbesserung und der lernenden Organisation vereinbar. Es ist daher Dietrich zuzustimmen, dass Organisationen dynamisch und eben nicht statisch gleichgewichtsbezogen zu denken sind. In diesem Zusammenhang wird folgerichtig auch von einem „chronically unfrozen system“ gesprochen. Gemeint ist damit eine Organisation, die sich in einer permanenten Lern- und Entwicklungsbereitschaft befindet (vgl. Dietrich, 2001, 168 ff.).

Für das Management öffentlicher Verwaltungen ist es insbesondere in grundlegenden Reform- und Modernisierungsprozessen wichtig, sich intensiv mit den Kräfteverhältnissen innerhalb der Organisation zu beschäftigen und sich mit den Befürwortern, den Reformgegnern und den neutralen Kräften auseinanderzusetzen.

In jeder Situation gibt es Kräfte innerhalb eines Systems, die auf einen Wandel drängen und Kräfte, die den Wandel behindern oder blockieren. Im Regelfall können ca. 10% – 15% der Beschäftigten einer Organisation als Befürworter von Veränderungen, ca. 10% – 15% der Beschäftigten als Reformgegner oder Kritiker und ca. 70% – 80% als „Neutrale" eingestuft werden (vgl. Schäfer, 2005, 36). Ein Gleichgewicht des Systems besteht nach der Auffassung von Lewin dann, wenn die Summe der akzelerierenden Kräfte der Summe der retardierenden Kräfte in etwa entspricht. Gewinnen die blockierenden Kräfte ein deutliches Übergewicht, so entsteht im System ein zu starker Widerstand gegen den Wandel. Die notwendigen Veränderungen erfolgen nicht mehr oder zu spät. „Verselbständigen" sich die progressiven Kräfte, so kann dies zu einer dauerhaften und unkontrollierbaren Destabilisierung des Systems führen sowie zu einem völlig ineffizienten und ineffektiven Reformtempo. Die Organisation kann insbesondere eine viel zu hohe Veränderungsdynamik entwickeln, die dazu führt, dass die Entwicklung weit über die notwendige Anpassung hinausgeht und dann ebenfalls nicht mehr zielführend ist.

Veränderungsprozesse „verbrauchen viel Energie". Sofern es dem Management nicht gelingt, das System zügig und zielorientiert zu reorganisieren und rechtzeitig wieder zu stabilisieren, kann ein „burn out" des gesamten Systems oder ein „burn out" der zentralen Reformkräfte die Folge sein.

Man kann in Veränderungsprozessen eine gewollte, zeitlich begrenzte Destabilisierung des Systems auf unterschiedliche Art herbeiführen. Man kann entweder die akzelerierenden Kräfte des Systems verstärken, die retardierenden Kräfte vermindern oder eine Umkehr der retardierenden Kräfte bewirken. Aus praktischer Sicht ist es zielführend, nicht zu viel „Energie" in die „Umkehr" der 10–15 % „echten" Reformgegner zu investieren. Schäfer bezeichnet es sogar als einen Kardinalfehler, der Gruppe der Reformgegner und Kritiker überproportional viel Aufmerksamkeit zu schenken (vgl. Schäfer, 2005, 37). Eine Fokussierung auf die falsche Gruppe erhöht zudem das Risiko, dass die Führungskräfte an der Spitze von Verwaltungen falsche Lagebeurteilungen vornehmen und in der Folge Ressourcen falsch einsetzen (vgl. Schäfer, 2005, 37). Sinnvoll ist es vielmehr, die große Gruppe der neutralen und noch unentschlossenen Beschäftigten für den Wandel zu gewinnen. Es ist Schäfer durchaus zuzustimmen, dass eine Verwaltungsreform im Ergebnis dann erfolgreich ist, wenn es gelingt, die Mehrheit der neutralen Mitarbeiter im Sinne der Reformziele zu beeinflussen (vgl. Schäfer, 2005, 37). Denn nur die große Gruppe der neutralen Systemmitglieder kann für den Veränderungsprozess wirklich gewonnnen werden (Schäfer, 2005, 37). Sowohl die Gruppe der engagierten Reformbefürworter als auch die Gruppe der „echten" Reformgegner ist im Grunde qua mentaler Disposition immer schon auf eine bestimmte Position festgelegt, so dass selbst massivster „Betreuungsaufwand“ immer nur zu minimalen Veränderungen führen wird (Schäfer, 2005, 37). Sofern es gelingt, die ca. 70 % der neutralen Systemmitglieder für den Reformprozess und die Ziele des Wandels zu gewinnen, wird auch der Widerstand der prinzipiellen Reformgegner spätestens dann bedeutungslos, wenn sie innerhalb des Systems als „Club der ewig Gestrigen und Totalverweigerer“ eine auf Dauer unangenehme „Außenseiterrolle“ innerhalb der Organisation zugeschrieben bekommen.

Der gesamte Prozess des Wandels benötigt im Wege einer permanenten Störung und Intervention durch die Führungskräfte eine aktive und zum Teil auch massive Destabilisierung der festgefahrenen sozialen Strukturen und ritualisierten Verhaltensmuster. Im Rahmen einer professionellen Destabilisierung des Systems geht es nicht darum, einzelne Organisationsmitglieder zu destabilisieren, es geht vielmehr darum, den Changeprozess kontextbezogen und nicht subjektbezogen zu gestalten. Dabei geht es ganz konkret um Veränderungen der gewohnten Arbeitssituation, des Sozialgefüges oder der bestehenden Strukturen und Prozesse einer Organisation (vgl. ebenso Schäfer, 2005, 41). Es geht im Ergebnis darum, inadäquate Verhaltensmuster der Systemmitglieder aufzubrechen und neue Interaktionsformen aufzubauen (Schäfer, 2005, 69).

8.3.4 Auslöser von Veränderungsprozessen in der öffentlichen Verwaltung

Häufig sind Krisen im Sinne einer Existenzgefährdung die Ursache für die Einleitung radikaler Veränderungsprozesse. Das System ist an einem Wendepunkt angekommen (vgl. Hamann, Sieber & Stritch, 1998, 177 ff.). In der Bundesrepublik Deutschland gibt es nach wie vor eine externe und eine interne Strukturkrise. Bei der externen Strukturkrise handelt es sich um Veränderungen des Systemumfeldes, auf die die einzelnen Organisationseinheiten der öffentlichen Verwaltung allenfalls einen begrenzten Einfluss haben (vgl. Weltz, 1996, 83). Bei der internen Strukturkrise handelt es sich um die Folgen eines immer noch vorhandenen organisatorischen Konservatismus, nur geringer Flexibilität und Innovationsfähigkeit, mangelnder Reagibilität auf sich wandelnde Außenbedingungen, einer systemimmanenten Einschränkung der Lernfähigkeit und einer Verkrustung von Verfahren und Strukturen im Sinne einer „Fossilierung“ des gesamten Systems (vgl. Weltz, 1996, 83).

Betrachtet man die Besonderheiten des öffentlichen Sektors, so wird deutlich, dass die stark bürokratisch geprägte Regel- und Detailsteuerung der öffentlichen Verwaltungen nicht mehr geeignet erscheint, den gegenwärtig und zukünftig relevanten Anforderungen hinreichend Rechnung zu tragen (vgl. Budäus,

1998, 2). Ursache der vielbeklagten Dysfunktionalität ist ein „real existierender Bürokratismus" im Sinne einer völligen Überzeichnung bürokratischer Strukturen und Verfahren. Auch Vogel verbindet mit dem Begriff des Bürokratismus eine über das rechtsstaatlich notwendige Maß hinausgehende Regeltreue in Verwaltungsvorgängen, die den Blick auf das Wesentliche versperrt und Inflexibilität in unvorhergesehenen Situationen bedingt (vgl. Vogel, 2004, 119). Eine der zentralen Forderungen der aktuellen Verwaltungsreform richtet sich folgerichtig gegen ein vermeidbares Übermaß an Bürokratie (vgl. Vogel, 2004, 119 ff.). Von der verwaltungsinternen Übersteuerung ist die externe, gesetzliche Übersteuerung deutlich zu trennen. Ein nicht unerheblicher Teil der „bürokratischen Krise" des öffentlichen Sektors resultiert aus der immer noch steigenden Flut gesetzlicher und untergesetzlicher Regelungen sowie aus der Komplexität und Vollzugsfeindlichkeit dieses Regelwerks. Da der Adressat von Verwaltungsdienstleistungen normalerweise nicht zwischen den Folgen einer Überregulierung, einer mangelnden Vollzugseignung der Normen und den Folgen einer verwaltungsinternen Übersteuerung differenziert, werden die öffentlichen Verwaltungen auch pauschal für die Defizite verantwortlich gemacht, für die sie nach dem Prinzip der Gewaltenteilung gerade nicht die Verantwortung tragen. An diesem Punkt der Staats- und Verwaltungsreform ist der Gesetzgeber in besonderem Maße gefordert, nunmehr auch seinen Teil zur Modernisierung, Deregulierung und Entbürokratisierung des gesamten Staatswesens beizutragen. Ansonsten werden im Rahmen der allgemeinen Verwaltungsreform letztlich nur die Binnenstrukturen permanent optimiert, ohne jedoch das Gesamtproblem in den Griff zu bekommen. Mit anderen Worten ausgedrückt: Ein „Mehr" an Bürokratie wird von einem „Weniger" an Ressourcen im Ergebnis nur noch mehr oder weniger gut „verwaltet".

8.3.5 Die öffentliche Verwaltung als Gegenstand des Wandels

Im Rahmen des bisherigen Modernisierungs- und Reformprozesses wurden – wie bereits dargestellt – zahlreiche, zum Teil inkonsistente privatwirtschaftliche Managementkonzepte, auch ohne Berücksichtigung des spezifischen „kulturellen" Kontextes und des spezifischen Organisationszwecks, adaptiert, die eine Optimierung der Prozesse und Strukturen zum Gegenstand haben. In diesem Zusammenhang wurde bereits erörtert, dass die übernommenen Reform- und Modernisierungsansätze in der Verwaltungspraxis höchst unterschiedlich interpretiert und ebenso unterschiedlich umgesetzt werden. Der ursprünglich ganzheitliche, systematische Reformansatz des Neuen Steuerungsmodells wurde nicht erkannt, nicht beachtet und folglich auch nicht erhalten. Die einzelnen Elemente und Methoden werden aus ihrem Wirkungszusammenhang herausgelöst und als „Insellösungen“ implementiert. Wesentliche Elemente der neuen Verwaltungssteuerung, wie zum Beispiel Wettbewerb und Budgetierung wurden zunächst vollständig weggelassen oder allenfalls rudimentär und als „Light-Version“ realisiert.

Auch in diesem Zusammenhang ist zu berücksichtigen, dass sich organisatorischer Wandel nicht ausschließlich innerhalb der Logik objektiver Gegebenheiten und Wahrheiten vollzieht. Hinter den vermeintlich einheitlichen Fassaden von Ämtern und Behörden treten höchst unterschiedliche Lebens- und Arbeitswirklichkeiten zu Tage, deren Bestimmungsmomente nicht allein in manipulierbaren Strukturelementen, sondern in den Organisationsmitgliedern und ihrem Handeln liegen (vgl. Vogel, 2004, 115 ff.). Die organisationspolitische Kunst im Rahmen des Veränderungsmanagements besteht gerade darin, in diesem nur schwer beherrschbaren Feld kalkulierbare Wirkungen zu erreichen (vgl. Staehle, 1999, 998).

8.3.6 Die Aufgabe eines systematischen Change- oder Veränderungsmanagements

Das so genannte Change-, Innovations- oder Veränderungsmanagement betrifft als Managementaufgabe die Steuerung und Gestaltung zielgerichteter Veränderungs- und Innovationsprozesse innerhalb einer Organisation.

Changemanagement hat die Aufgabe, die Veränderungsprozesse optimal und zielbezogen zu planen, zu „steuern“ und zu realisieren (vgl. Jäger, 2004, 113 ff.). Ein effektives Veränderungsmanagement setzt voraus, dass die strategischen Ziele des Wandels vorab so genau wie möglich definiert werden. Auch diese Definition kann nicht abstrakt erfolgen, sondern nur unter Berücksichtigung der Kontextvariablen des jeweiligen Systems (vgl. Hopfenbeck, 2002, 656 ff.). Es gilt auch hier das Postulat der Kontextorientierung und somit ein situativer Ansatz (vgl. Hopfenbeck, 2002, 656 ff.) sowie ein systemisches Verständnis von Veränderungsmanagement.

Das systemische Veränderungsmanagement ist sich der Unausweichlichkeit unterschiedlicher Sichtweisen in Organisationen bewusst und akzeptiert Dissens gleichermaßen wie Konsens (vgl. von Eckardstein & Zauner, 1999, 427 ff.). Das systemische Veränderungsmanagement verfolgt die Strategie, die in einem System verfügbaren Energien sowie das Erfahrungswissen des Systems zu heben, zu verknüpfen und zu bündeln. Es geht von einer grundsätzlichen Gleichwertigkeit von Veränderung und Bewahrung aus und es sieht seine zentrale Aufgabe in der organisatorisch verbindlichen Bereitstellung reflexiver Lern- und Entscheidungsmöglichkeiten für funktional verbundene Organisationseinheiten (vgl. von Eckardstein & Zauner, 1999, 4289). Die besondere Wirksamkeit einer systemischen Changeberatung beruht auf der Nutzung unterschiedlicher Wahrnehmungsweisen im Sinne verschiedener Beobachterperspektiven und auf einer konsequenten Ressourcen- und Lösungsorientierung (vgl. von Eckardstein & Zauner, 1999, 429).

Es versteht sich daher von selbst, dass das Management im Rahmen einer geeigneten Kontextsteuerung die erforderlichen Rahmenbedingungen und Entscheidungsprämissen schaffen muss, die einen wirksamen, zielorientierten Wandel begünstigen.

Der „Spielraum" des Changemanagements in Organisationseinheiten der öffentlichen Verwaltungen ist im Vergleich zu privaten Unternehmen jedoch relativ gering. Die Abhängigkeit des zu verändernden Systems von übergeordneten politisch-strategischen Zielen sowie vom Einfluss politischer Programme und institutioneller Erwartungen ist sehr hoch. In der nur ansatzweise vorhandenen Autonomie vieler Organisationseinheiten der öffentlichen Verwaltung liegt ein wesentlicher Grund für die gegenwärtig allenfalls eingeschränkte praktische Anwendbarkeit und Umsetzbarkeit der Konzepte der Selbstorganisation. Dies gilt in besonderem Maße für die Veränderungsprozesse, die auf der Ebene der mittleren und örtlichen Organisationseinheiten der öffentlichen Verwaltung durchgeführt werden sollen. Die Bindung der betroffenen Organisationseinheiten an die institutionellen und strategischen Vorgaben ist äußerst eng, die Umweltbedingungen sind sehr komplex und häufig auch instabil. Hinzu kommt die strikte rechtliche Bindung, die die vorhandenen theoretischen Veränderungsmöglichkeiten und Handlungsoptionen – auch im Interesse der Wahrung bewährter rechtsstaatlicher Prinzipien – deutlich reduziert.

Das Management der öffentlichen Verwaltung muss daher im Rahmen grundlegender Reform- und Modernisierungsprozesse in einem ersten Schritt überlegen, welche alternativen Strukturen, Verfahren und Maßnahmen im konkreten Fall überhaupt zulässig und realisierbar sind. Es muss die Interessen und Positionen der vom Veränderungsprozess betroffenen Stakeholder und die Erwartungen der institutionellen Umwelten definieren und im Rahmen des Changeprozesses angemessen berücksichtigen. Das Management muss feststellen, welche organisatorische Freiheit sich aus der Differenz zwischen den nicht dispositiven politisch-strategischen und rechtlichen Vorgaben und dem dispositiven Bereich organisatorischer Entwicklung noch ergibt und wie groß der „Spielraum" der einzelnen Organisationseinheiten zur Selbstorganisation überhaupt noch ist. Die Politik und der Gesetzgeber müssen die erforderlichen Rahmenbedingungen zumindest teilweise erst noch schaffen, die den beabsichtigten Transformationsprozess im Sinne einer lernenden Organisation tatsächlich ermöglichen.

8.3.7 Das strukturierte Vorgehen in organisationalen Veränderungsprozessen

Der Erfolg komplexer Veränderungsprozesse lässt sich nicht durch einen einfachen Rückgriff auf „Blaupausen", allgemeine Checklisten oder Patentrezepte sichern (vgl. Ebers & Maurer, 2002, 473). Komplexe Abläufe in sozialen Systemen lassen sich nicht mono-kausal, sondern nur aus dem konkreten Zusammenwirken der verschiedenen Faktoren in einem bestimmten sozialen System erklären und „steuern" (vgl. König & Volmer, 2000, 133). Die Veränderung von Organisationsstrukturen bleibt wirkungslos, wenn sich nicht gleichzeitig mit den Strukturen und Prozessen auch die Menschen und deren Rollen- und Funktionsverständnis in der Organisation verändern. Ebenso wird eine Entwicklung von Menschen durch bestehende Strukturen begrenzt oder behindert (vgl. König & Volmer, 2000, 133). Ein effektiver Prozess des geplanten Wandels verbindet somit personale wie strukturale Ansätze der Organisationsentwicklung miteinander und setzt auf verschiedenen Ebenen sozialer Systeme an. Gegenstand von Entwicklungs- und Changeprozessen sind in Anlehnung an König und Volmer (2000, 132 ff.) die einzelnen Elemente des sozialen Systems, die Systemmitglieder, deren subjektive Einstellungen und Ziele, deren Kenntnisse und Kompetenzen, die Regeln, die die Abläufe des sozialen Systems steuern, dazu zählen insbesondere die formellen und informellen Regeln der Aufbau- und Ablauforganisation, die Interaktionsstrukturen innerhalb des Systems sowie die Abgrenzung des Systems zur Systemumwelt. Prozesse des Wandels beruhen auf einem Wechsel der Phasen „Orientierung", „Diagnose" (Klärung), „Intervention", „Transformation" und „Abschluss" (Evaluation).

Betrachtet man die Gemeinsamkeiten vieler praxiserprobter Konzepte, so kann man sich in der Grundstruktur dem Phasenmodell rationaler Entscheidungsprozesse – trotz der Erkenntnis einer nur begrenzten Rationalität – durchaus annähern. Dies gilt auch für das so genannte Erfolgsmodell in Anlehnung an Greiner. Dieses Modell gliedert den Veränderungsprozess in die Phasen: „Druck auf die Führungsspitze", „Intervention an der Spitze der Organisation", „Definition und Analyse der Problemkreise", „Lösungsfindung", „Erprobung der neuen Lösungen und deren Ausweitung", „Konsolidierung der Neuerungen" (vgl. Dietrich, 2001, 41 ff.). Das bewährte Konzept der Organisationsentwicklung im engeren Sinne stellt ebenfalls ein tragfähiges Gerüst dar (vgl. Dietrich, 2001, 37 ff.).

Eine besonders einprägsame und bildhafte Beschreibung des Veränderungsprozesses ist dem so genannten „Haus des Wandels“ mit den vier Zimmern der Veränderung zu entnehmen (vgl. dazu ausführlich Tschönhens & Bissegger, 2006, 73 ff.). Ein Rundgang durch das Haus des Wandels ermöglicht ein differenzierteres Verständnis für die psychologische Dimension des Wandels und verdeutlicht insbesondere die jeweiligen Befindlichkeiten der Betroffenen in den einzelnen Veränderungsphasen (Tschönhens & Bissegger, 2006, 73 ff.). Das erste Zimmer des Wandels und damit Ausgangspunkt organisationaler Veränderungsprozesse ist das Zimmer der Zufriedenheit. In diesem Zimmer herrscht ein Gefühl der Sicherheit, man möchte den Status quo erhalten und schätzt die persönlichen Komfortzonen. Im Anschluss an das Zimmer der Zufriedenheit gelangt man in das Zimmer der Verleugnung. In diesem Raum werden bestehende Probleme negiert, die Notwendigkeit von Veränderung und Wandel werden bestritten, Unbehagen und Angst nehmen zu, und erste Widerstände werden spürbar. Im Anschluss an das Zimmer der Verleugnung gelangt man in das Zimmer der Verwirrung. In diesem Raum nehmen die Sorgen und Ängste deutlich zu, es entstehen Konfusion und Orientierungslosigkeit. Die vorherige Sicherheit besteht nicht mehr. Aus dem Zimmer der Verwirrung tritt man in den Raum der Erneuerung ein. In diesem Zimmer kehren Orientierung und Stabilität langsam wieder zurück. Anhand dieses plastischen „Modells“ wird deutlich, dass ein erfolgreicher Veränderungsprozess als organisatorischer Lern- und Entwicklungsprozess sämtliche Changephasen durchlaufen muss, um wirksam zu sein. Zeitliche Abkürzungen gibt es im Rahmen grundlegender Prozesse des Wandels und der Transformation im Regelfall leider nicht.

Das folgende Grundmodell organisationaler Lern-, Veränderungs- und Entwicklungsprozesse sollte ebenfalls lediglich eine Orientierungshilfe im Sinne eines „roten Fadens“ oder eine „Roadmap“ für Prozesse des geplanten Wandels darstellen.

Die wesentlichen Elemente des Veränderungsprozesses sind: System- und Umfelderfassung (Ziel: Informationserhebung zur Erfassung des Ist-Zustandes und Informationsaufbereitung), System- und Umfeldanalyse (Ziel: Erfassung, Definition und Gewichtung des Veränderungsbedarfs und des Veränderungsdrucks, Analyse des Ist-Zustandes, Problemdefinition und Diagnose), Implementierung einer wirksamen Changeorganisation (Einrichtung eines oder mehrerer Changeprojekte), Definition und Kommunikation des Soll-Zustandes (Schaffung einer Vision, Erstellung von Leitbildern und Zielsystemen, Vereinbarung und Formulierung verbindlicher Veränderungsziele), Entwicklung praxistauglicher Lösungsalternativen (Sammlung, Bewertung und Auswahl unterschiedlichster Lösungsansätze, Erstellung eines konkreten Maßnahmenkataloges, Definition von Sofortmaßnahmen) sowie die Durchführung der Maßnahmen (Implementierung des Change-Konzeptes in den Betriebsablauf) mit anschließender Erfolgs- oder Wirksamkeitskontrolle. Von besonderer Bedeutung ist ein professionelles „Changemarketing", das die Notwendigkeit und die Sinnhaftigkeit des Wandels, die Veränderungsstrategie, die erzielten Erfolge sowie die sich daraus ergebenden Perspektiven zeitnah und umfassend kommuniziert und die notwendige Änderung des Wertesystems und die Änderung der Verhaltensmuster der Systemmitglieder fördert.

Visionen, Leitbilder und Ziele stellen nicht nur das Fundament eines systemischen Managementansatzes und einer professionellen strategischen Planung dar (vgl. dazu ausführlich Horak, Matul & Scheuch, 1999, 162 ff. m.w.Nw.) sondern auch die Basis von organisationalen Veränderungsprozessen und organisatorischen Entwicklungen. Sie bilden eine solide Grundlage für die Bewältigung von Innovation und Wandel (vgl. Tushman & O Reilly, 1998, 253 ff.).

Um aus der Grundbereitschaft vieler Organisationsmitglieder zum Wandel einerseits und den diffusen Schuldzuweisungen und defensiven Reaktionen andererseits einen Weg nach vorne zu finden, müssen die Wunschvorstellungen, Hoffnungen und Ambitionen der Beteiligten zu einer gemeinsamen Vision komprimiert werden (vgl. Bock, 2007, 29). Eine durchdachte Vision sollte, wenn sie die Basis für grundlegende Veränderungen bilden soll, Aussagen über die erwartete, zukünftige Entwicklung des Systemumfeldes, über das Kerngeschäft und die Kernprozesse sowie über die Interessen und Erwartungen der beteiligten Stakeholder enthalten und zum Ausdruck bringen, welche Kernkompetenzen, Potentiale und Werte die Organisation zu bieten hat und weiterentwickeln will (vgl. Bock, 2007, 29 ff.). In der Vision muss für alle Beteiligten nachvollziehbar und überzeugend verdeutlicht werden, wer die Organisation ist und was die Organisation gegenwärtig und zukünftig darstellen will (vgl. Bock, 2007, 30).

Visionen stellen einen realistischen Entwurf der Zukunft im Sinne einer realisierbaren Leitidee dar. Auf der Grundlage der prägnanten aber noch abstrakten Vision können – im Wege zunehmender Konkretisierung und Handlungsorientierung – Leitbilder, Strategien und taktische sowie operative Zielsysteme entwickelt und im Wege des Gegenstromverfahrens abgestimmt und verbindlich gemacht werden.

Im Rahmen der Abstimmungsprozesse sollte insbesondere der mittleren Managementebene der öffentlichen Verwaltungen – als Schnittstelle zwischen der obersten, dispositiv tätigen Verwaltungsleitung und den ausführenden, operativ tätigen Ebenen – eine besondere Bedeutung zukommen. Wesentliche Impulse der Reform können und sollten von dieser Hierarchieebene im Sinne einer „Keil" – Strategie in beide Richtungen der Organisationsstruktur ausgehen, obwohl sich in Changeprozessen häufig gerade die mittlere Managementebene als reformkritisches „Bollwerk" erweist.

Ein ganz wesentliches Element erfolgreicher Veränderungsprozesse ist die Erarbeitung eines von den Systemmitgliedern gemeinsam getragenen Leitbildes. Leitbilder enthalten in der Regel die Leitidee des Systems, den Handlungsauftrag (Mission) und die wesentlichen Handlungsprinzipien (vgl. Wewer, 2001, 158). Das Verhalten komplexer sozialer Systeme wird primär durch eine gemeinsame Sinngebung gesteuert. Erst der „eigene" Sinn eines Systems ermöglicht den Systemmitgliedern – aus Systemsicht – eine Differenzierung nach sinnvollem und nicht-sinnvollem Verhalten (vgl. Liebig, 1997, 137 ff.). Jedes Systemmitglied interpretiert die Organisation und deren Normen und prägt durch sein eigenes Handeln die soziale Wirklichkeit des Systems. Organisationsstrukturen werden innerhalb einer „formalen Hülle" erst durch Kommunikation und Interaktion sozial konstruiert. Veränderungen lassen sich daher nur dann bewirken, wenn die Kognition der Systemmitglieder im Sinne des Wandels zielorientiert modifiziert wird. Dazu bedarf es neuer Interpretationsschemata, eines neuen Orientierungs- und Handlungsrahmens und einer neuen gemeinsamen Sinngebung, einer Corporate Identity. Die neue Organisationskultur ergibt sich nicht aus einer „Hochglanzbroschüre", aus einem professionellen Internetauftritt oder aus dem regelmäßigen „Verlesen von Tagesparolen". Sie ergibt sich aus der Summe der kongruenten Einstellungen, Grundwerte und Überzeugungen der Organisationsmitglieder, die in einem bestimmten und vor allen Dingen auch gelebten Verhaltenskodex erfahrbar wird und das Selbstverständnis der Organisation ausdrücken (vgl. dazu ausführlich Vogel, 2004, 124 ff.). Leitbilder sind ein wirksames Instrument, um Organisationskulturen zielorientiert zu verändern. Veränderungen beginnen immer in den Köpfen der Menschen (vgl. Fangmann, 2000, 131 ff.) und scheitern manchmal auch an und in diesen. Fangmann hebt im Zusammenhang mit der Wirksamkeit von Leitbildern zu Recht die Vorbildfunktion der Führungskräfte hervor. Die Führungskräfte einer Organisation sollten das „personifizierte Leitbild" sein (vgl. Fangmann, 2000, 131 ff.). Von der Authentizität ihres Verhaltens hängt der Erfolg des gesamten Reformprozesses ab (vgl. Malik, 2001, 88 ff.).

Es ist von ausschlaggebender Bedeutung, dass die im Leitbild manifestierte Behördenstrategie von den Organisationsmitgliedern als eigenes, individuelles Werte- und Zielsystem akzeptiert und verstanden wird. Viele Behörden arbeiten bereits mit flexiblen Steuerungssystemen, die vom Grundprinzip her dem Modell der Balanced Score Card nachempfunden sind. Wichtig ist, dass das definierte Zielsystem stets in seiner Abhängigkeit von den spezifischen und sich ändernden Einflussfaktoren betrachtet und selbst als dynamisches, systemisches Instrument der Steuerung verstanden und entsprechend eingesetzt wird.

Betrachtet man die einzelnen Phasen organisationaler Lern- und Entwicklungsprozesse, so sollte in einem ersten Schritt der Ist-Zustand festgestellt und so zutreffend und plastisch wie möglich beschrieben werden. In diesem Zusammenhang ist zu berücksichtigen, dass es eine rein objektive Betrachtung der zu beschreibenden Wirklichkeit – unabhängig von Realismus und Konstruktivismus – nicht gibt. Die Wahrnehmung der Wirklichkeit ist stets auch ein subjektives Konstrukt des Betrachters und auch eine Folge der Kommunikation innerhalb des jeweiligen Systems.

Nachdem das Analyse-Objekt ermittelt und definiert worden ist, kann zur weiteren Erfassung und Konkretisierung des Ist-Zustandes auf die bereits vorhandenen und aufbereiteten Daten der bestehenden Managementinformationssysteme und des Berichtswesens sowie auf Statistiken und sonstige Dokumente der öffentlichen Verwaltungen zurückgegriffen werden. Auch it-gestützte, anonymisierte Mitarbeiterbefragungen in Form standardisierter, schriftlicher Interviews haben sich als durchaus zielführend erwiesen. „Selbsteinschätzungen" und „Selbstbewertungen" des Systems (zum Beispiel auf der Grundlage des Common Assessment Frameworks – CAF) ermöglichen zudem wichtige Rückschlüsse auf den tatsächlichen Zustand und die spezifischen Probleme der Organisation sowie auf die Chancen und Risiken des Veränderungsprozesses.

Voraussetzung für jede erfolgreiche Reform ist das Vertrauen der Systemmitglieder in die Leistungsfähigkeit der Organisation und in die Management- und Veränderungskompetenz der Leitung. Es ist daher im eigenen Interesse des Managements durch gezielte und verlässliche Informationen sowie durch eine offene Kommunikation und „vorgelebtes" Verhalten eine solide Vertrauensbasis zu schaffen.

Glaubwürdigkeit, Konsequenz, Authentizität und Integrität des Managements sind die Schlüssel zu einem nachhaltigen Reform- und Führungserfolg.

In der anschließenden Diagnosephase können dann – in Abhängigkeit vom definierten Soll-Zustand (Vision, Leitbild, BSC-Zielsystem) – die vorhandenen Probleme und Schwachstellen sowie die Stärken des Systems identifiziert werden. In der Reformpraxis der öffentlichen Verwaltung hat es sich bewährt, zunächst die obersten und oberen Führungskräfte, danach die mittleren und unteren Führungsebenen der von Veränderungsprozessen betroffenen Organisationseinheiten den Veränderungsdruck und damit die „subjektiv empfundene" Notwendigkeit von Veränderungen einschätzen zu lassen.

Die Selbsteinschätzung des Veränderungsdrucks eröffnet – zum Beispiel im Rahmen von „Change-Management-Workshops" – die Möglichkeit, anhand konkreter, oftmals konträrer Aussagen und Einschätzungen der Organisationsmitglieder in eine offene und kontroverse Diskussion einzutreten. In diesem Kontext wird den Führungskräften deutlich, wie unterschiedlich und uneinheitlich die Ziele von Verwaltungsreform, Verwaltungsmodernisierung und Bürokratieabbau von den eigenen Organisationsmitgliedern immer noch interpretiert und bewertet werden.

Auch verschiedene Techniken und Instrumente der Organisationsentwicklung im engeren Sinne haben sich als praxistauglich und zielführend erwiesen. Beispielhaft seien hier spezielle Teamentwicklungsmaßnahmen, Diagnosegespräche, Kraftfeld- und SWOT-Analysen genannt.

Die Einrichtung flexibel agierender, interdisziplinär bestückter Changeprojekte – als „Task-Force" – zur Steuerung komplexer Veränderungsprozesse hat sich in der Praxis ebenfalls bewährt. Im Rahmen umfangreicher Organisationsprojekte sollten zudem verschiedene Projektteams oder Teilprojekte eingerichtet werden. Auf die Notwendigkeit eines angemessenen Projekt- und Multiprojektmanagements mit dem Ziel einer ganzheitlichen und vernetzten Projektsteuerung sei ausdrücklich hingewiesen.

Im Rahmen von Veränderungsprozessen – muss sich das System – immer wieder den „eigenen Sinn", den primären Organisationszweck und seine eigentlichen Aufgaben („primary tasks"), die für den Fortbestand des Systems von zentraler Bedeutung sind, vor Augen führen. In diesem Zusammenhang wird die Notwendigkeit einer genauen Definition des Auftrags, der Aufgaben und der Qualitäts- und Wirkungsindikatoren besonders deutlich.

Jedes Systemmitglied muss für den eigenen Aufgabenbereich einschätzen können, welchen persönlichen Beitrag es mit seiner Arbeitsleistung zur Zielerreichung und damit zum Gesamterfolg des Systems leisten kann, leisten muss und anhand welcher Kriterien dies beurteilt wird.

In einem weiteren Schritt müssen nunmehr – unter Berücksichtigung der Soll-Ist-Abweichung – individuelle und praxistaugliche Lösungsansätze entwickelt werden. Der entstehende Maßnahmenkatalog sollte eine Bewertung der Prioritäten und eine Festlegung der Fach-, Prozess-, Ressourcen- und Ergebnisverantwortung enthalten.

Die Chancen und Risiken der jeweiligen Handlungsalternativen werden offen diskutiert, mittels anerkannter und praxistauglicher Verfahren bewertet und dem obersten Management zur Entscheidung vorgelegt. Auch die konkreten Lösungsalternativen und Maßnahmen sind stets situativ, kontextbezogen und im Sinne einer möglichst ganzheitlichen Perspektive zu entwickeln und zu implementieren.

Im Anschluss an die Implementierung der ausgewählten Lösungsalternativen werden die Ergebnisse (Wirkung) des Veränderungsprozesses sowie der Ablauf des Veränderungsprozesses evaluiert und der Erfolg (Zielerreichungsgrad von Maßnahme und Wirkung) kontrolliert. Im Rahmen der Evaluation ist zu berücksichtigen, dass grundlegende Veränderungsprozesse, die auf eine nachhaltige „Verhaltensänderung" zielen, ihre Wirkung erst mittel- bis langfristig entfalten.

Insbesondere komplexe organisationale Lernprozesse mit dem Ziel eines radikalen Kulturwandels benötigen einen Zeitraum von vielen Jahren bis nachhaltige Erfolge verbucht werden können.

Im Zusammenhang mit grundlegenden Veränderungsprozessen ist von besonderer Bedeutung, dass die organisationalen Lernprozesse nicht auf der Stufe des so genannten „single-loop-learning“ verharren. Beim bloßen Anpassungslernen versuchen die Organisationsmitglieder die aufgetretenen Fehler in der Gebrauchstheorie so zu korrigieren, dass die offizielle Handlungstheorie – Normen und Werte – im Wesentlichen erhalten bleibt. Einmal festgelegte Ziele werden erfüllt, ohne zu hinterfragen, ob diese Ziele auch bei sich ändernden Rahmenbedingungen noch angemessen sind. Mit dem Prozess des single-loop-learning wird primär eine effizientere Zielerreichung angestrebt. Der Nachteil des reinen Anpassungslernens liegt in einer Verstärkung bereits „bewährter“ und „gewohnter“ Handlungsmuster (vgl. Dietrich, 2001, 177). Im Rahmen eines Transformationsprozesses führt ein reines Anpassungslernen regelmäßig nicht mehr zum gewünschten Erfolg. Die bloße Änderung von Handlungsstrategien unter Beibehaltung der traditionellen und institutionalisierten Handlungsziele bewirkt im Regelfall noch keine grundlegende Verhaltensänderung der Organisation und deren Mitglieder im Sinne eines Beitrags zur Selbstorganisation.

Erst ein Erlernen neuer Handlungsziele führt zu innovativen, unkonventionellen und kreativen Problemlösungsansätzen. Angestrebt werden muss daher ein organisationales Veränderungslernen, das auch als „double-loop-learning“ oder auf der Metaebene als „Prozesslernen“ oder „deutero-learning“ bezeichnet wird.

Die Verhaltensänderung wird durch die Aneignung zum Teil völlig neuer Denk- und Verhaltensweisen bewirkt. Bestehende Handlungsziele werden konsequent hinterfragt, erforderlichenfalls überwunden und neu definiert. Dieser komplexe, ganzheitliche Prozess organisationalen Lernens kann nicht beliebig forciert oder gar erzwungen werden. Der Einsatz von Macht-, Zwangs- oder Bombenwurfstrategien entfaltet nur eine „begrenzte“ Wirkung. Lernen ist ein ausgesprochen zeitintensiver, permanenter Prozess, der auch Phasen der relativen Stabilität und „Ruhe“ benötigt. Die eingetretenen Veränderungen und neuen Verhaltenmuster müssen verinnerlicht und bewertet werden können. Auch das Management muss darauf achten, dass die Systemmitglieder noch mit der Veränderungsgeschwindigkeit Schritt halten können. Diese zentrale Forderung gilt selbstverständlich auch für die Führungskräfte selbst.

8.3.8 Widerstände gegen den Wandel und Veränderungsstrategien

Obwohl ein Unterlassen notwendiger Veränderungen letztlich zu wesentlich einschneidenderen Konsequenzen führen kann, als deren Durchführung, stößt man im Rahmen organisationaler Veränderungsprozesse auf das Phänomen, dass die betroffenen Individuen gegen den – notwendigen – Wandel opponieren (vgl. Schanz, 1994, 387). Veränderungsprozesse berühren unmittelbar die persönlichen Interessen, Ziele und Wertvorstellungen der Systemmitglieder. Diese müssen keineswegs mit den Zielen, Werten und Interessen der Organisation deckungsgleich sein und sie sind es häufig auch nicht. Im Regelfall wird sogar das persönliche Werte- und Zielsystem der Systemmitglieder erheblich von den Organisationszielen abweichen. Dort, wo eigene Interessen vermeintlich bedroht oder beeinträchtigt werden, ist Widerstand gegen den Wandel die Folge. Dieser kann offen oder verdeckt ausgeübt werden und in unterschiedlicher Intensität auftreten (vgl. Staehle, 1999, 977 ff.). Eine Hauptursache von Widerständen ist die fehlende Transparenz des Veränderungsprozesses und die daraus resultierende Verunsicherung und Orientierungslosigkeit der Systemmitglieder.

Der gesamte Veränderungsprozess – einschließlich der Ziele und Auswirkungen des Wandels – stellt sich aus der Sicht der Betroffenen dann als „Terra incognita“ dar. Der Schock, die Furcht und Angst vor dem „Unbekannnten“ und dem „Neuen“ sowie die Verunsicherung führen zu Wut, Frustration, Enttäuschung und letztlich zu massivem offenem oder verdecktem Widerstand gegen den Wandel. Auch ein Mangel an Offenheit und Vertrauen, eine Praxisferne der Führung, fehlende Authentizität, eine lückenhafte Reflexionsbereitschaft, eine fehlende Fehler-, Feedback- und Konfliktkultur sowie eine defizitäre Führungskultur erhöhen das Widerstandspotential spürbar (vgl. Schäfer, 2005, 15 ff.).

Auch an dieser Stelle wird deutlich, dass die Nicht-Trivialität des sozialen Systems stets im Vordergrund der Betrachtungen stehen muss. Auch die einzelnen Organisationseinheiten der öffentlichen Verwaltung sind zwar mit ihrer Umwelt, insbesondere dem Makrosystem der Verwaltung strukturell verkoppelt und determiniert, sie folgen jedoch stets einer eigenen Systemlogik.

In Anlehnung an Hopfenbeck stehen verschiedene Verfahrensmöglichkeiten zur Verfügung, um den Verhaltens- und Systemwiderstand möglichst gering zu halten. Dies sind: Der Zwangsansatz, der Lernansatz (Entwicklung der gewünschten Fähigkeiten vor dem Wandel), der Krisenansatz („Sammeln der Truppe um die Fahne“), der Flexibilitätsansatz (Entwurf eines breiten Spektrums an Fähigkeiten gegenüber möglichen Herausforderungen) und der Lern-Aktions-Ansatz, mit einer Parallelität von Implementation und Planung (vgl. dazu ausführlich Hopfenbeck, 2002, 670 ff.). In der Verwaltungspraxis haben sich im Rahmen von Veränderungsprozessen folgende konkrete Maßnahmen als zielführend und wirksam erwiesen. Insbesondere zur Vorbereitung und Implementierung organisatorischer Veränderungen ist die aktive, partizipatorische Einbindung der Betroffenen und der „Schlüsselpersonen“ in spezielle „Change-Projekte“ und Arbeitsgruppen sinnvoll. Die Durchführung speziell zugeschnittener Fortbildungsmaßnahmen zur frühzeitigen Vorbereitung der Mitarbeiter und der Führungskräfte auf die veränderten Anforderungen sowie die Einrichtung von Führungskräfte-Workshops sind ebenfalls unabdingbar. Ein professionelles „Marketing“ des Changeprozesses, eine Dokumentation und Kommunikation der bereits erzielten Erfolge und Fortschritte des Wandels sowie eine gezielte, regelmäßige Information der Stakeholder hilft Verunsicherung und Ängste abzubauen. Die Einrichtung eines Vorschlagswesens zur Verbesserung des Changeprozesses, die Gründung von Qualitäts- oder Mitarbeiterzirkeln, die Durchführung weiterer Mitarbeiterbefragungen und die Schaffung von Diskussionsforen fördert ebenfalls die Identifikation der Mitarbeiter der öffentlichen Verwaltung mit den Zielen des Veränderungsprozesses.

In Anlehnung an Jäger (2004, 120 ff.) lassen sich ebenfalls drei Veränderungsstrategien unterscheiden: Die rationale Strategie (Mensch als vernünftiges Wesen und Nutzenmaximierer, Motivation über logische Argumente, Beratung durch Experten), die Machtstrategie (Menschen können durch Macht beliebig beeinflusst werden und sind am Machterhalt interessiert, Motivation durch Sanktionen, Widerstand wird durch Zwang gebrochen, Lösungen werden „verordnet“) und die Entwicklungsstrategie (Mensch als wertvollste Ressource, Motivation durch Lernen und Entwicklung, Sinn der Arbeit, Partizipation). Im Kern entspricht der entwicklungsstrategische Ansatz dem Grundgedanken eines ganzheitlichen, systemischen Managements und dem Modell des permanenten Wandels im Sinne einer lernenden und sich selbst entwickelnden Organisation. Dennoch ist es zielführend nicht nur eine Strategie anzuwenden, sondern kontext- und situationsbezogen auf das gesamte Strategiebündel zurückzugreifen.

Ein spezifisches Problem grundlegender organisatorischer Veränderungen ist es, dass die Folgen des Wandels regelmäßig auch zu einer Polarisierung des Managements führen.

Das Management der öffentlichen Verwaltungen ist einerseits selbst Teil des zu verändernden Systems, insoweit also in der Rolle des Betroffenen, andererseits aber auch in der Rolle dessen, der den – oftmals „ungeliebten“ – Wandel aktiv steuern und fördern muss. In diesem Zusammenhang ist von Bedeutung, dass viele Führungskräfte der öffentlichen Verwaltung die eigene Führungsrolle aus Sicht der fachlichen Kompetenz und weniger aus Sicht der personalen oder sozialen Kompetenz definieren. Diese fachliche „Prägung“ von „Führung“ hat erhebliche Auswirkungen auf das tatsächlich gezeigte Führungsverhalten insbesondere in Veränderungsprozessen.

Um die komplexen Veränderungsprozesse zusammen mit dem Management der öffentlichen Verwaltungen wirksam „steuern“ zu können, muss sich der so genannte Change Agent oder Innovator mit den formalen und „virtuellen“ Aufbau- und Ablaufstrukturen der betroffenen Organisationseinheit auskennen. Er muss zudem einen Überblick über die Sozialstruktur der Organisation haben und die Kräfteverhältnisse sowie die spezifischen Einflussgrößen, die auf das System einwirken, abschätzen können. Ob die Rolle des Innovators intern oder extern besetzt werden sollte, ist situationsabhängig zu bewerten.

Im Regelfall wird zur erfolgreichen Durchführung von Veränderungsprozessen eine Kombinationsstrategie im Sinne einer systematischen Verknüpfung von rationalen, normativen und psychosozialen Ansätzen zielführend sein. Die Wahl der situativ und kontextbezogen richtigen Mittel und die Auswahl geeigneter Strategien, Instrumente und Maßnahmen zur Förderung des Wandels ist eine der zentralen Aufgaben der Führungskräfte in Veränderungs- und organisationalen Entwicklungsprozessen.

9. Fazit und Ausblick

Die Transformation einer bürokratisch-mechanistisch geprägten Verwaltungslandschaft in ein System moderner, flexibler und leistungsfähiger Dienstleister verbunden mit einem gleichzeitigen Übergang von einer technokratisch geprägten Regelsteuerung zu einer betriebswirtschaftlich ausgerichteten Output- und Outcomesteuerung stellt für die öffentliche Verwaltung einen Paradigmenwechsel und eine nur schwer zu bewältigende Herausforderung dar. Trotz enormer Kraftanstrengungen des gesamten öffentlichen Sektors und durchaus beachtlicher punktueller Reformerfolge – insbesondere in den Bereichen Bürgernähe, Kunden- und Serviceorientierung – zeichnet sich gegenwärtig eine schleichende Rückkehr vieler Verwaltungen zu bürokratischen Strukturen und Prozessen sowie zu traditionellen Denk- und Handlungsmustern ab. Die teilweise Auflösung und Zersplitterung des Neuen Steuerungsmodells, das immer noch fehlende ganzheitliche, systemische Verständnis für dessen Wirkungsgefüge sowie die zum Teil eher zufällig und unsystematisch erfolgte Implementierung einzelner Reformelemente – ohne deren notwendige Verzahnung, Anpassung und Harmonisierung – haben aus dem Leitbild des NPM eine Ansammlung mehr oder weniger wirksamer Reformfragmente werden lassen. Die Lösung der bestehenden Reformprobleme ist nur dann zu erwarten, wenn die öffentliche Verwaltung die bisher faktisch geltenden Handlungsstrategien und die leitenden Handlungsziele hinterfragt und diese im Wege eines reformadäquaten Anpassungs- und Veränderungslernens erweitert oder zumindest modifiziert. Voraussetzung für den Reformerfolg ist ein interdisziplinäres, ganzheitliches Steuerungs- und Führungsverständnis sowie ein systemorientiertes Managementverständnis.

Im Rahmen eines systemischen Managementansatzes geht es auch darum, die bereits erzielten Reformerfolge für weitere Veränderungen zu nutzen und die vorhandenen Fragmente und „Insellösungen" so zu ergänzen und zu verbinden, dass der ursprüngliche und methodisch sinnvolle Ansatz des NSM wieder hergestellt wird. Soweit eine vollständige Wiederherstellung des Wirkungsgefüges nicht mehr möglich ist, könnte das systemische Management zumindest zur Erreichung der strategischen Reformziele einen wesentlichen Beitrag liefern. Eine ganzheitliche Betrachtung der Reformziele und Reforminstrumente könnte auch helfen, vermeintlich bestehende Widersprüche und Modernisierungshemmnisse grundlegender Art aufzulösen.

Rechtsstaatliche und wirtschaftliche Aufgabenerfüllung stellen – auch wenn dies von Reformgegnern und Verwaltungstraditionalisten immer wieder gebetsmühlenartig vorgetragen wird – keinen unauflösbaren Widerspruch dar. Es handelt sich insbesondere nicht um eine antinomische Zielkonstellation. Beide Zieldimensionen zählen zu den herausragenden Formalzielen der öffentlichen Verwaltung mit Verfassungsrang. Das Gebot, den gesetzlichen oder behördlichen Auftrag nicht nur rechtmäßig, sondern auch möglichst zweckmäßig und möglichst wirtschaftlich zu erfüllen, bestand schon lange vor der Einleitung der Staats- und Verwaltungsreform. Dem Wirtschaftlichkeitsgebot – Beachtung des Sparsamkeits- und Ergiebigkeitsprinzips – wurde jedoch in der bürokratischen Verwaltungspraxis in einer Vielzahl von Fällen nicht die notwendige Bedeutung beigemessen. Die fachliche Aufgabenerledigung erfolgte oftmals „um jeden Preis". Die Frage der Finanzierbarkeit öffentlicher Leistungen und insbesondere die Frage nach dem Verhältnis von Mitteleinsatz zum Output oder Outcome wurden nach Möglichkeit gar nicht erst gestellt. Das Neue Steuerungsmodell mit den Forderungen nach Bürokratieabbau, mehr Wirtschaftlichkeit und einer stärkeren Ergebnis- und Nutzenorientierung stellt insoweit auch eine politische längst überfällige Reaktion auf das gesamtwirtschaftlich nicht mehr zu vertretende bürokratische Beharrungsvermögen der öffentlichen Verwaltung dar.

Die Anwendung und sachgerechte Nutzung der betriebswirtschaftlichen Methoden und Instrumente ist nicht fakultativ. Im Rahmen der rechtsstaatlichen Aufgabenerfüllung sind die Gebote der Wirtschaftlichkeit und der Zweckmäßigkeit zu beachten. Wirtschaftliches Verwaltungshandeln ist ein gesetzlicher, haushaltsrechtlicher Auftrag und damit für sämtliche Organisationseinheiten der öffentlichen Verwaltung verpflichtend. Die Pflicht zur Dokumentation und zum Nachweis der Wirtschaftlichkeit und die Pflicht zur Verbesserung der Effizienz und Effektivität des Verwaltungshandelns ergeben sich ebenfalls unmittelbar oder mittelbar aus dem gesetzlichen Auftrag.

Im Rahmen eines systemorientierten, ganzheitlichen Managementansatzes werden die Inhalte des Neuen Steuerungsmodells interdisziplinär interpretiert und konkret aufgaben- und kontextbezogen angewendet. Rechtswissenschaftliche, verwaltungswissenschaftliche, betriebswirtschaftliche und sozialwissenschaftliche Erkenntnisse und Ansätze werden im Sinne einer möglichst hohen Wirkung so miteinander verbunden, dass eine effiziente, effektive und qualitativ hochwertige Aufgabenerfüllung unter Berücksichtigung der jeweils geltenden Kontextfaktoren gewährleistet ist. Auch für die Implementierung und den Wirkbetrieb des Neuen Steuerungsmodells gelten selbstverständlich die Zielkategorien Qualität, Effizienz und Effektivität.

Der systemische Managementansatz verbindet bewährte und praxiserprobte Elemente der traditionellen Verwaltungssteuerung und Führung mit den „neuen"

Steuerungs- und Führungsinstrumenten im Sinne eines ganzheitlichen, integrativen Managementmodells.

Systemisches Management bedeutet insbesondere eine Steuerung über Ziele und Kontrakte mittels Feedback und Rückkopplung. Es bedeutet die Schaffung einer spezifischen Rahmen- oder Kontextsteuerung sowie eine weitestgehend eigenverantwortliche Aufgabenerfüllung im Wege einer konsequenten Delegation. Selbstorganisation und Eigenverantwortung lauten die tragenden Reformprinzipien. Moderne, ganzheitliche Steuerung und Führung schafft angemessene Entscheidungsprämissen sowie geeignete Kommunikations- und Entscheidungsstrukturen. Systemisches Management bedeutet auch die Zusammenführung von Fach-, Prozess-, Ressourcen- und Ergebnisverantwortung, ein aufeinander abgestimmtes Organisations-, Personal- und Ressourcenmanagement, eine stärkere Öffnung für Innovation, Wandel und Wettbewerb sowie professionelles Informations- und Wissensmanagement und eine zeitgemäße Lern- und Veränderungskultur.

In der Nutzung eines systemorientierten, ganzheitlichen Managementansatzes liegt die Chance, die Ziele der Staats- und Verwaltungsreform doch noch aus eigener Kraft verwirklichen zu können und gleichzeitig den Standortvorteil Deutschlands hinsichtlich einer voll funktionsfähigen, finanzierbaren und wirksamen öffentlichen Verwaltung auch zukünftig gewährleisten zu können. Das Ziel ist eine öffentliche Verwaltung, die effizienter und effektiver als bisher auf einem bewährt hohen qualitativen Niveau arbeitet. Eine öffentliche Verwaltung, die auch zukünftig als anerkannter „Partner“ von Gesellschaft und Wirtschaft maßgeblich zur Gemeinwohlmaximierung und zur Befriedigung der kollektiven Bedürfnisse unserer Gesellschaft beitragen kann.

Stichwortverzeichnis

Literaturverzeichnis

Abecker, A., **Hinkelmann**, K., **Maus**, H. & **Müller**, H.J. (2002). Integrationspotenzial für Geschäftsprozesse und Wissensmanagement (S. 1–28). In A. Abecker, K. Hinkelmann, H. Maus & H.J. Müller (Hrsg.). *Geschäftsprozessorientiertes Wissensmanagement*. Berlin/Heidelberg: Springer

Bandemer von, S. (2001). Qualitätsmanagement (S. 414–424). In B. Blanke, S. von Bandemer, F. Nullmeier & G. Wewer (Hrsg.). *Handbuch zur Verwaltungsreform*. Opladen: Leske & Budrich.

Bandura, A. (1986). *Social foundations of thought and action: A social cognitive theory*. Englewood Cliffs, NJ: Prentice-Hall.

Bandura, A. (1991). Self-Regulation of motivation through anticipatory and self regulatory mechanisms. In: Dinstbier, H.M. (Hrsg.). *Perspectives on motivation*: Nebraska Symposium on Motivation. 38, (pp. 69–164). Lincoln: University Press.

Bertels, T. (2008). Die Lernende Organisation – Modell für das Management des Wandels im Wissenszeitalter (S. 47–99). In B. Kremin-Buch, F. Unger & H. Walz (Hrsg.). *Lernende Organisation*. Sternenfels: Verlag Wissenschaft & Praxis

Beyer, L. (2001). Reengineering (S. 118–127). In B. Blanke, S. von Bandemer, F. Nullmeier & G. Wewer (Hrsg.). *Handbuch zur Verwaltungsreform*. Opladen: Leske & Budrich.

Bock, F. (2008). Lernen als Element der Wettbewerbsstrategie (S. 9–45). In B. Kremin-Buch, F. Unger & H. Walz (Hrsg.). *Lernende Organisation*. Sternenfels: Verlag Wissenschaft & Praxis

Braun, O.L. (1998). Ein Modell Aktiver Anpassung: Organisationsorientierung, berufliche Zielklarheit und Vorsatzbildung / Planung als vorauslaufende Bedingungen von Studienleistungen. *Zeitschrift für Psychologie*, 206 (S. 337–351).

Bruhn, M. (2004). *Qualitätsmanagement für Dienstleistungen, Grundlagen – Konzepte – Methoden*. Berlin/Heidelberg: Springer

Bruns, H.J. & **Ridder**, H.G. (2001), Qualifizierung und Fortbildung (S. 204–213). In B. Blanke, S. von Bandemer, F. Nullmeier & G. Wewer (Hrsg.). *Handbuch zur Verwaltungsreform*. Opladen: Leske & Budrich.

Budäus, D. (1998). Von der bürokratischen Steuerung zum New Public Management – Eine Einführung (S. 1–10). In D. Budäus, P. Conrad & G. Schreyögg (Hrsg.). *New Public Management*. Berlin: Gruyter.

Bungard, W. (2000). Zielvereinbarungen – Renaissance eines „alten" Führungskonzeptes auf Gruppen- und Organisationsebene. In: Bungard, W. & Kohnke, O. (Hrsg.). *Zielvereinbarungen erfolgreich umsetzen* (S. 15–33). Wiesbaden: Gabler.

Day, G. S. & **Reibstein**, D. J. (1998). Die dynamischen Herausforderungen für Theorie und Praxis (S. 15–34). In G.S. Day, D. J. Reibstein & R. E. Gunther (Hrsg.). *Wharton zur dynamischen Wettbewerbsstrategie*. Düsseldorf: Econ.

Dietrich, A. (2001). *Selbstorganisation*. Wiesbaden: Gabler

Dincher, R., **Müller-Godeffroy**, H., **Scharpf**, M. & **Schuppan**, T. (2010). *Einführung in die Betriebswirtschaftslehre für die Verwaltung*. Neuhofen: Forschungsstelle für Betriebsführung und Personalmanagement e.V.

Dreyer, M. & **Richter**, W. (2001). Wissensmanagement (S. 301–310). In B. Blanke, S. von Bandemer, F. Nullmeier & G. Wewer (Hrsg.). *Handbuch zur Verwaltungsreform*. Opladen: Leske & Budrich.

Dunkhorst, P. (1999). *Handbuch Qualitätsmanagement in der öffentlichen Verwaltung*. Baden-Baden: Verlag Nomos.

Ebers, M. & **Gotsch**, W. (2006). Institutionenökonomische Theorie der Organisation (S. 247–308). In A. Kieser & M. Ebers (Hrsg.). *Organisationstheorien*. Stuttgart: Kohlhammer.

Ebers, M. & **Maurer**, I. (2002). Organisation (S. 441–482). In W.B. von Colbe, A.G. Coenenberg, P. Kajüter & U. Umhof (Hrsg.). *Betriebswirtschaft für Führungskräfte*. Stuttgart: Schäffer-Poeschel.

Eckardstein von, D. & **Zauner**, A (1999). Veränderungsmanagement in NPOs (S. 419–430). In C. Badelt (Hrsg.). *Handbuch der Nonprofit Organisation. Strukturen und Management*. Stuttgart: Schäffer-Poeschel.

Edtinger, B., **Mayr**, F.P. & **Wagner** K. (2004). *Veränderungen erfolgreich umsetzen*. Weinheim: Beltz.

Eschenbach, R. & **Horak**, C. (1999). Rechnungswesen und Controlling in NPOs (S. 331–355). In C. Badelt (Hrsg.). *Handbuch der Nonprofit Organisation. Strukturen und Mangement*. Stuttgart: Schäffer-Poeschel.

Fangmann, H. (2000). Zwischen Bürokratie und Heterarchie. *Verwaltungsarchiv*, 91 (1), S. 117–132.

Glass, N. M. (1997). *Management Masterclass – Die neuen Realitäten im Business*. Düsseldorf: Econ.

Griffin, M.A., **Neal**, A. & **Neale**, M. (2000). The contribution of task performance and contextual performance of effectiveness: Investigating the role of

situational constraints. *Applied Psychology: An International Review*, 49 (pp. 517–533).
Grove, A. S. (1999). *Hocheffizientes Management*. Frankfurt/Main: Campus.
Hacker, W. (1998). Allgemeine Arbeitspsychologie: *Psychische Regulation von Arbeitstätigkeiten*. Bern: Huber.
Hacker, W. & **Richter**, P. (1990). Psychische Regulation von Arbeitstätigkeiten. *Ein Konzept in Entwicklung*. In: Frey, F. & Udris, I. (Hrsg.). Das Bild der Arbeit (S. 125–142). Bern: Huber.
Hamann, A., **Sieber**, H. & **Stritch**, S. (1998). *Wandel im Unternehmen*. Offenburg: Verlag Gabel
Hansmann, M. (2004). *Management und Controlling in der Ministerialverwaltung*. Sternenfels: Wissenschaft und Praxis.
Heckhausen, H. (1987). *Jenseits des Rubikon: Der Wille in den Humanwissenschaften*. Berlin: Springer.
Heeg, F. J. (2000). Methoden und Instrumente zur Förderung betrieblicher Veränderungsprozesse, Kompetenzen entwickeln – Veränderungen gestalten. In G. Arbeitsgemeinschaft Qualifikations-Entwicklungsmanagement (Hrsg.). *Lernen im Wandel – Wandel durch Lernen*. Münster: Waxmann.
Holling, H., **Lammers**, F. & **Pritchard**, R.D. (1999). *Effektivität durch Partizipatives Produktivitätsmanagement*. Göttingen: Verlag für angewandte Psychologie.
Hollmann, S., **Schmidt**, K.H. & **Trenckmann**, U. (2001). Messung und Verbesserung von Humandienstleistungen. *Zeitschrift für Arbeits- und Organisationspsychologie*, S. 158–165.
Hopfenbeck, N. (2002). *Allgemeine Betriebswirtschaftslehre und Managementlehre*. Berlin: Verlag Moderne Wirtschaft.
Horak, C. **Matul**, C. & **Scheuch**, F. (1999). Ziele und Strategien von NPOs (S. 153–178). In C. Badelt (Hrsg.). *Handbuch der Nonprofit Organisation. Strukturen und Managment*. Stuttgart: Schäffer-Poeschel.
Jäger, R. (2004). *Kompetent führen in Zeiten des Wandels*. Weinheim: Beltz.
Jann, W. (2001). Neues Steuerungsmodell (S. 82–92). In B. Blanke, S. von Bandemer, F. Nullmeier & G. Wewer (Hrsg.). *Handbuch zur Verwaltungsreform*. Opladen: Leske & Budrich.
Jung, H. (2004). *Allgemeine Betriebwirtschaftslehre*. München, Wien: Oldenbourg Verlag
Kieser, A. (2006). Max Webers Analyse der Bürokratie (S. 63–92). In A. Kieser & M. Ebers (Hrsg.). *Organisationstheorien*. Stuttgart: Kohlhammer
Kieser, A. (2006). Managementlehre und Taylorismus (S. 93–132). In A. Kieser & M. Ebers (Hrsg.). *Organisationstheorien*. Stuttgart: Kohlhammer.

Kieser, A. (2006). Human Relations-Bewegung und Organisationspsychologie (S. 133–167). In A. Kieser & M. Ebers (Hrsg.). *Organisationstheorien*. Stuttgart: Kohlhammer

Kleinbeck, U. (1996). *Arbeitsmotivation: Entstehung, Wirkung und Förderung*. Weinheim und München: Juventa.

Kleinbeck, U. & **Fuhrmann**, H. (2000). Effects of a psychologically based management system on work motivation and productivity. *Applied Psychology: An International Review*, 49, (pp. 596–610).

Kleinbeck, U. & **Kleinbeck**, T. (1998). Die Bedeutung von Leistungsmessung und Rückmeldung für produktivitätsorientierte Zielvereinbarungsgespräche. In: Braun, O. (Hrsg.). *Ziele und Wille in der Psychologie* (S. 101–125). Landau: Verlag Empirische Pädagogik.

Kleinbeck, U. & **Schmidt**, K.-H. (1996). Die Wirkung von Zielsetzungen auf das Handeln. In: Kuhl, J. & Heckhausen, H. (Hrsg.). *Motivation, Volition und Handlung*. Enzyklopädie der Psychologie, Band 4 (S. 875–907). Göttingen: Hogrefe.

Koch, R. (2010). *Grundzüge moderner Staatsverwaltung*. Frankfurter Allgemeine Zeitung vom 04.03.2010. Betriebswirtschaftliche Regeln für effizientes staatliches Handeln.

König, E. & Volmer, G. (2000). *Systemische Organisationsberatung – Grundlagen und Methoden*. Weinheim: Deutscher Studien Verlag.

Kohnke, O. (2000). Die Anwendung der Zielsetzungstheorie zur Mitarbeitermotivation und – steuerung. In: Bungard, W. & Kohnke, O.(Hrsg.). *Zielvereinbarungen erfolgreich umsetzen*. 2. Aufl. Wiesbaden: Gabler.

Liebig, O. (1997). *Unternehmensführung aus der Perspektive der neueren Systemtheorie – Beobachtungen der Führungspraxis und ihre Implikationen für eine Theorie der Führung*. München: Verlag Barbara Kirsch

Locke, E.A. (1968). Toward a theory of task motivation und incentives. *Organizational Behavior and Human Performance*. 50 (3), (pp. 157–189).

Locke, E.A. & **Latham**, G.P. (1984). *Goal setting – a motivational technique that works*. Englewood Cliffs, NJ: Prentice Hall.

Locke, E.A. & **Latham**, G.P. (1990a). *A theory of goal setting and task performance*. Englewood Cliffs, NJ: Prentice Hall.

Locke, E.A. & **Latham**, G.P. (1990b). Work motivation: The High Performance Cycle. In: Kleinbeck U., Quast H.H., Thierry H. & Häcker H. (Hrsg.). *Work Motivation* (pp. 3–25). Hillsdale, NJ: Lawrence Erlbaum.

Macharzina, K. & **Wolf**, J. (2008). *Unternehmensführung*. Wiesbaden: Gabler.

Malik, F. (2001). *Führen – Leisten – Leben*. München: Heyne.

Martens, W. & **Ortmann**, G. (2006). Organisationen in Luhmanns Systemtheorie (S. 427–461). In A. Kieser & M. Ebers (Hrsg.). *Organisationstheorien.* Stuttgart: Kohlhammer.

Matul, C. & **Scharitzer**, D. (1999). Qualität der Leistungen in NPOs (S. 463–491). In C. Badelt (Hrsg.). Handbuch der Nonprofit Organisation. *Strukturen und Management.* Stuttgart: Schäffer-Poeschel.

Mayer, B. M. (2003). *Systemische Managementtrainings – Theorieansatz und Lernarchitekturen im Vergleich.* Heidelberg: Verlag für Systemische Forschung im Carl-Auer-Systeme Verlag.

Mento, A.J., **Steel**, R.P. & **Kerren**, R.J. (1987). A meta-analytic study of the effects of goal setting on task performance: 1966–1984. *Organizational Behavior and Human Decision Processes.* 39, (pp. 52–83).

Nerdinger, F. W. (1995). *Motivation und Handeln in Organisationen: Eine Einführung.* Stuttgart: Kohlhammer.

Müller, U. R. (2000). *Machtwechsel im Management.* Freiburg i. Br.: Haufe.

Naylor, J.C., **Pritchard**, R.D. & **Ilgen**, D.R. (1980). *A theory af behaviour in organizations.* New York: Academic Press.

Nolte, R. (2008). Steuerung von Veränderungsprozessen in der öffentlichen Verwaltung (S. 95–119). In S. M. Litzcke & R. Nolte (Hrsg.). *Change Management – Theorie und Praxis.* Brühl: Fachhochschule des Bundes für öffentliche Verwaltung.

Nullmeier, F. (2001). Wettbewerb und Konkurrenz (S. 92–104). In B. Blanke, S. von Bandemer, F. Nullmeier & G. Wewer (Hrsg.). *Handbuch zur Verwaltungsreform.* Opladen: Leske & Budrich.

Pawlowski, P. & **Geppert**, M. (2005). Organisaionales Lernen (S. 259–294). In E. Weik & R. Lang (Hrsg.). *Moderne Organisationstheorien 1 – Handlungsorientierte Ansätze.* Wiesbaden: Gabler.

Petermann, S. (2005). Der Rational-Choice-Ansatz (S. 65–93). In E. Weik & R. Lang (Hrsg.). *Moderne Organisationstheorien 1 – Handlungsorientierte Ansätze.* Wiesbaden: Gabler.

Pritchard, R.D. (1990). *Measuring and improving, organizational poductivity. A practical guide.* New York: Praeger.

Pritchard, R.D. (1995). *Productivity measurement and improvement.* Westport: Praeger.

Pritchard, R.D., **Kleinbeck**, U. & **Schmidt**, K.H. (1993). *Das Managementsystem PPM. Durch Mitarbeiterbeteiligung zu höherer Produktivität.* München: Beck.

Rahn, H.J. (2002). Unternehmensführung. In K. Olfert (Hrsg.). *Kompendium der praktischen Betriebswirtschaft.* Ludwigshafen: Kiehl Verlag.

Robbins, S.P. (2001). *Organisation der Unternehmung*. München: Pearson Studium.

Roberson, Q.M., **Moye,** N.A. & **Locke**, E.A. (1999). Identifying a missing link between participation and satisfaction: The mediating role of procedural justice perceptions. *Journal of Applied Psychology*, 84 (pp. 585–593).

Ridder, H. G. & **Schirmer**, F. (2001). Führung (S. 222–231). In B. Blanke, S. von Bandemer, F. Nullmeier & G. Wewer (Hrsg.). *Handbuch zur Verwaltungsreform*. Opladen: Leske & Budrich.

Schäfer, F. (2005). *Change Management für den öffentlichen Dienst*. Hornberg: Murmann.

Schanz, G. (1994). *Organisationsgestaltung*. München: Vahlen.

Schierenbeck, H. **&** **Wöhle**, C.B. (2008). *Grundzüge der Betriebswirtschaftslehre*. München: Verlag Oldenbourg.

Schliesky, U. & **Schulz**, S.E. (2010). *Defizite bei der Steuerung komplexer Reformprojekte*. Innovative Verwaltung (1–2), S. 26–28.

Schmidberger, J. (1993). *Controlling für öffentliche Verwaltungen*. München: Beck.

Schmidt, K.H. (1987). *Motivation, Handlungskontrolle und Leistung in einer Doppelaufgabensituation*. Düsseldorf: VDI.

Schröter, E. **&** **Wollmann**, H. (2000). New Public Management (S. 71–82). In B. Blanke, S. von Bandemer, F. Nullmeier & G. Wewer (Hrsg.). *Handbuch zur Verwaltungsreform*. Opladen: Leske & Budrich.

Schuldt, C. (2006). *Systemtheorie*. Hamburg: Europäische Verlagsanstalt.

Simon, F.B. (2009). *Einführung in die systemische Organisationstheorie*. Heidelberg: Carl-Auer Verlag.

Staehle, W. H. (1999). *Management*. München: Vahlen.

Thommen, J. P. (2007). *Betriebswirtschaftslehre*. Zürich: Versus Verlag.

Tushman, M. L. & O **Reilly**, C. A. (2001). *Innovation ist machbar*. Landsberg/Lech: Moderne Industrie.

Tschönhens, A. & **Bisseger**, E. (2006). Die vier Zimmer der Veränderung (S. 73–82). In A. Rohm (Hrsg.). *Change – Tools*. Sternenfels: Verlag Wissenschaft & Praxis.

Tubbs, M.E. (1986). Goal setting: A Meta-Analytic Examination of the Empirical Evidence. *Journal of Applied Psychology*, 71 (3). (pp. 474–483).

Unger, A. (2008). Neue Ansätze in der Organisation (S. 177–211). In B. Kremin-Buch, F. Unger & H. Walz (Hrsg.). *Lernende Organisation*. Sternenfels: Verlag Wissenschaft & Praxis.

Vogel, R. (2004). Öffentliche Verwaltung in den Perspektiven interpretativer Organisationstheorie. *Verwaltungsarchiv*, 95 (1), S. 114–132.

Walgenbach, P. (2006). Neoinstitutionalistische Ansätze in der Organisationstheorie (S. 353–401). In A. Kieser & M. Ebers (Hrsg.). *Handbuch zur Verwaltungsreform*. Opladen: Leske & Budrich.

Wegge, J. (2004). *Führung von Arbeitsgruppen*. Göttingen: Hogrefe.

Weltz, F. (1996). Reengineering oder Evolution – Wissensverwertung, Macht und Innovation in Unternehmen (S. 81–93). In H. J. Braczyk (Hrsg.). *Neue Organisationsformen in Dienstleistung und Verwaltung*. Stuttgart: Kohlhammer.

Wewer, G. (2001). Leitbilder und Verwaltungskultur (S. 131–150). In B. Blanke, S. von Bandemer, F. Nullmeier & G. Wewer (Hrsg.). *Handbuch zur Verwaltungsreform*. Opladen: Leske & Budrich.

Wiendieck, G. (1993). Management und Bürokratie. In: Kißler, L., Bogumil, J. 6 Wiechmann, E. (Hrsg.). *Anders verwalten. Praxis und Perspektiven kommunaler Gestaltungsprojekte* (S. 27–40). Marburg: Schüren.

Willke, H. & **Wollmann**, P. (2003). Controlling in „chaotischen" Zeiten. Überlegungen zu einer kognitiven Wende in Planung und Controlling. *Organisationsentwicklung* 3/03 (S. 26–39).

Wilms, F.E.P. (2001). *Systemorientiertes Management*. München: Vahlen.

Wöhe, G. (2008). *Einführung in die Allgemeine Betriebswirtschaftslehre*. München: Vahlen.

Wood, R.E. (1986). Task complexity: definitions of the construct. *Organizational behavior and Human Decisions Processes*. 37, (pp. 60–82).

Wood, R.E., **Mento**, A.J. & **Locke**, E.A. (1987). Task complexity as a moderator of goal effects: A meta analysis. *Journal of Applied Psychology*, 72. (pp. 416–425).